Furkan Başçiftçi
Ali Savcı

Aprender sem se apoiar nas escolas

Furkan Başçiftçi
Ali Savcı

Aprender sem se apoiar nas escolas

A importância das estruturas escolares na educação

ScienciaScripts

Imprint
Any brand names and product names mentioned in this book are subject to trademark, brand or patent protection and are trademarks or registered trademarks of their respective holders. The use of brand names, product names, common names, trade names, product descriptions etc. even without a particular marking in this work is in no way to be construed to mean that such names may be regarded as unrestricted in respect of trademark and brand protection legislation and could thus be used by anyone.

Cover image: www.ingimage.com

This book is a translation from the original published under ISBN 978-3-659-86467-4.

Publisher:
Sciencia Scripts
is a trademark of
Dodo Books Indian Ocean Ltd. and OmniScriptum S.R.L publishing group

120 High Road, East Finchley, London, N2 9ED, United Kingdom
Str. Armeneasca 28/1, office 1, Chisinau MD-2012, Republic of Moldova, Europe
Managing Directors: Ieva Konstantinova, Victoria Ursu
info@omniscriptum.com

Printed at: see last page
ISBN: 978-620-3-36850-5

Índice

Prefácio

O sistema de ensino e de formação coexistiu com a criação do homem. As escolas públicas e os sistemas escolares, tal como estão atualmente constituídos, não são simplesmente conduzidos de forma a poderem responder às crescentes exigências que enfrentam no âmbito da reforma baseada em normas.

Os anos mais eficientes e a adolescência dos estudantes passam nas estruturas escolares. Os líderes que irão moldar o futuro estão a ser educados nas estruturas escolares desfavoráveis de hoje.

A Terra está a globalizar-se e as inovações tecnológicas estão a aumentar rapidamente. Este desenvolvimento acompanhará o ritmo da próxima geração planeada e programada de uma forma que é possível com a educação e o ensino nas escolas para educar.

"Serei escravo durante quarenta anos de quem me ensinar uma carta." Califa Ali A aprendizagem ao longo da vida de cada indivíduo tem o direito de utilizar as estruturas e equipamentos escolares de forma igualitária, justa, fiável, eficiente, sustentável, intensiva e contínua.

O ser humano continua o seu crescimento através de determinadas etapas, desde o nascimento até à morte. Os períodos da escola primária, da escola secundária e da universidade abrangem 14 anos (entre os 6 e os 20 anos), desde a primeira infância até ao final da adolescência.

Para além de determinar a favorabilidade do edifício escolar e do equipamento, no âmbito desta investigação pretende-se determinar os efeitos sobre as posturas dinâmicas e estáticas durante as aulas e as sessões de treino, bem como a influência do edifício escolar e do equipamento no desenvolvimento biológico, fisiológico e psicológico. Existem 21 milhões de alunos em escolas públicas e privadas.

17 milhões de pessoas frequentam a escola primária e secundária, 4 milhões estudam nas universidades. Infelizmente, não temos nem uma Unidade de Saúde no Trabalho nem um conselho para os estudantes nas escolas. Nunca foi efectuado um estudo para

determinar quais os perigos fisiológicos, biológicos, químicos, físicos e psicológicos a que os estudantes estão expostos nas escolas onde estudam, nem na Turquia nem no mundo.

Esta investigação contribuirá para a educação e a formação de um ângulo diferente e poderá ser utilizada por educadores, administradores, académicos, políticos, cientistas, engenheiros, pais e estudantes. Esta investigação abrange as escolas primárias e secundárias de Isparta em 2014-2015 e as caraterísticas de construção de 22 edifícios escolares diferentes. A investigação contém as perguntas do questionário utilizadas nnrn ?

determinar o sexo, a idade, a altura, o peso, os hábitos de higiene pessoal, o humor positivo e negativo na escola, a deficiência, a consciência, os passatempos, a capacidade de alcance e os níveis de descontentamento de 512 estudantes participantes. Foi utilizado o formulário de avaliação do trabalho RULA para avaliar a postura no trabalho e o SPSS para a análise dos dados.

Agradecimentos e dedicação a;

Beneficiei dos seus conhecimentos ao longo de toda a minha vida, obtive amostras dos seus valores humanos e morais, sinto-me honrado por ser seu filho e também pela tolerância que demonstrou ao beneficiar da experiência e da paciência devidas ao meu querido pai; ibrahim BAŞÇiFTÇi - Gestor Hospitalar e Editor de Qualidade EOQ...

Furkan Baççiftçi

APRENDER SEM SE INCLINAR NAS ESCOLAS

Uma investigação sobre os efeitos de várias caraterísticas construtivas no desenvolvimento biológico, fisiológico e psicológico dos alunos

Resumo:

O ser humano continua o seu crescimento através de determinadas etapas, desde o nascimento até à morte. Os períodos da escola primária, da escola secundária e da universidade abrangem 14 anos (entre os 6 e os 20 anos), desde a primeira infância até ao final da adolescência. Para além de determinar a favorabilidade do edifício escolar e do equipamento, no âmbito desta investigação pretende-se determinar os efeitos sobre as posturas dinâmicas e estáticas durante as aulas e sessões de treino, bem como a influência do edifício escolar e do equipamento no desenvolvimento biológico, fisiológico e psicológico. Há 21 milhões de alunos em escolas públicas e privadas. 17 milhões deles estão no ensino fundamental e médio, 4 milhões estudam em universidades. Infelizmente, não temos uma Unidade de Saúde do Trabalhador nem um conselho de estudantes nas escolas. Nunca foi efectuado um estudo para determinar os perigos fisiológicos, biológicos, químicos, físicos e psicológicos a que os estudantes estão expostos nas escolas onde estudam, nem na Turquia nem no resto do mundo. Esta investigação contribuirá para a educação e a formação de um ângulo diferente e poderá ser utilizada por educadores, administradores, académicos, políticos, cientistas, engenheiros, pais e estudantes. Esta investigação abrange as escolas primárias e secundárias de Isparta em 2014-2015 e as caraterísticas de construção de 22 edifícios escolares diferentes. A investigação contém as perguntas do questionário utilizadas para determinar o sexo, a idade, a altura, o peso, os hábitos de higiene, o humor positivo e negativo na escola, a deficiência, a consciência, os passatempos, a capacidade de alcance e os níveis de descontentamento de 512 estudantes participantes. Foi utilizado o formulário de avaliação do trabalho RULA para avaliar a postura no trabalho e o SPSS para a análise dos dados.

Palavras-chave: *escola, edifício, educação, postura, ergonomia.*

Introdução

Declaração Universal dos Direitos do Homem, artigo 26.

1.   Todas as pessoas têm direito à educação. A educaçªo Ø gratuita, pelo menos nos estÆdios elementares e fundamentais. O ensino básico é obrigatório. O ensino tØcnico e profissional serÆ generalizado e o ensino superior serÆ acessível a todos de forma igual, com base no mØrito.

2.   A educação tem por objetivo o pleno desenvolvimento da personalidade humana e o reforço do respeito pelos direitos do Homem e pelas liberdades fundamentais. Deve promover a compreensão, a tolerância e a amizade entre todas as nações e todos os grupos raciais ou religiosos e fomentar as actividades das Nações Unidas para a manutenção da paz.

3.   Os pais têm o direito prévio de escolher o tipo de educação a dar aos seus filhos.

A instituição educativa e a avaliação da eficácia da formação são factores de melhoria muito importantes que distinguem a comunidade moderna das sociedades primitivas. As escolas e as estruturas escolares desempenham um papel importante no sistema estacionário das comunidades modernas. Neste período, as escolas e as estruturas escolares foram renovadas continuamente.

As escolas têm três funções básicas nos sistemas comunitários modernos. Essas funções são o conhecimento, a competência e a potência.

Atualmente, as funções e responsabilidades do sistema educativo e das escolas são diferenciadas e aumentaram. Em resposta a este facto, as escolas têm sido expostas a uma série de questões e vêem-se incomodadas por tentarem resolver os problemas.

As escolas são organizações de educação pública. O pessoal qualificado cresce nas escolas tendo em conta o desenvolvimento científico, tecnológico, sociológico e de carreira. Certamente, são muito importantes para as organizações educativas as internacionalizações, acreditações, desenvolvimentos curriculares, currículo oculto, avaliação e modelos curriculares, novas tendências, transversalidade, inovação e mudanças no Sistema Educativo. Para além disso, há também necessidade de reformas nas estruturas escolares. Estes tipos de investigação mostraram a relação entre a aprendizagem e as estruturas escolares

Hathaway afirmou que "primeiro somos moldados pelos edifícios e depois eles moldam-nos" *no artigo sobre as* instalações educativas. Isto é muito importante para as escolas, porque toda a gente sabe que as pessoas são úteis na aprendizagem e na aquisição de competências dos estabelecimentos de ensino. No entanto, estas também estão a impedir as forças ocultas.

As estruturas escolares podem ser, por vezes, um fator de apoio e, por vezes, um fator de obstrução da educação. Mais importante ainda, as estruturas e os equipamentos escolares têm um efeito profundo sobre o ser humano, não são inexistentes ou obsoletos. Edwards demonstrou que o desenvolvimento de edifícios escolares aumentou os níveis de desempenho dos alunos no artigo.

No mesmo artigo, as condições estéticas da estrutura da escola aumentam o sucesso dos alunos, o que tem um impacto na ascensão. Verificou-se que os alunos da estrutura escolar moderna tinham uma atitude positiva em relação aos alunos da estrutura escolar antiga.

A reforma baseada em normas tem uma lógica enganadoramente simples: as escolas e os sistemas escolares devem ser responsabilizados pelos seus contributos para a aprendizagem dos alunos. A sociedade deve comunicar as suas expectativas sobre o que os alunos devem saber e ser capazes de fazer sob a forma de normas; tanto para o que deve ser ensinado como para o que os alunos devem ser capazes de demonstrar sobre a sua aprendizagem. Os administradores escolares e os decisores políticos, a nível estatal, distrital e escolar, devem avaliar regularmente se os professores estão a ensinar o que se espera que ensinem e se os alunos conseguem demonstrar o que se espera que aprendam. A unidade fundamental de responsabilização deve ser a escola, porque é a unidade organizacional onde o ensino e a aprendizagem ocorrem efetivamente. Os resultados das avaliações do ensino e do desempenho dos alunos devem ser utilizados para melhorar o ensino e a aprendizagem e, em última análise, para atribuir prémios e sanções (Elmore, Adelman at all 1996)

De acordo com os resultados do estudo, revela-se que o aspeto geral de uma escola e a adequação do local físico são factores importantes que afectam a qualidade do ensino; e que os participantes em edifícios escolares com boas caraterísticas arquitectónicas desenvolvem sentimentos positivos em relação às suas escolas, enquanto os participantes em edifícios escolares com más caraterísticas arquitectónicas desenvolvem sentimentos negativos em relação às suas escolas. Os participantes em escolas com boas caraterísticas arquitectónicas produziram sobretudo metáforas sobre temas positivos, enquanto os participantes em escolas com más caraterísticas arquitectónicas produziram metáforas sobre temas negativos. Por outro lado, em todas estas três escolas com caraterísticas arquitectónicas diferentes, existem muitas deficiências funcionais em termos de adequação dos edifícios. De acordo com estas conclusões, pode argumentar-se que, para que as escolas sejam pacíficas, dignas de confiança e aumentem o nível de 6

motivação para estudar, devem ser tomadas medidas para tornar as escolas lugares mais agradáveis. (Karasolak, Sari, 2011:133)

Objetivo da investigação:

Todos os indivíduos têm direito à educação de forma equitativa, justa, fiável, eficaz, sustentável, intensiva e contínua através das estruturas e equipamentos escolares ao longo da vida. Esta investigação visa determinar a resposta à questão "As estruturas da escola satisfazem as necessidades dos alunos atualmente.

Os subproblemas dos problemas principais da investigação são apresentados de seguida;

- A idade da estrutura escolar é muito importante para uma educação de qualidade?

- Os testes de altura e peso dos alunos do sexo feminino e masculino são padrões normais.

- Os estudantes do sexo feminino e masculino não vão às casas de banho da estrutura da escola.

- A localização e a estrutura das escolas não são corretas.

-	As carteiras escolares não têm um design ergonómico, mas são um imperativo da educação. Todas elas não foram concebidas tendo em conta as deficiências de desenvolvimento dos alunos.

-	As escadas e os corredores da estrutura da escola não são adequados para um ambiente educativo de qualidade

-	Todos os alunos têm uma sensação positiva em relação à horta escolar.

O objetivo desta investigação é determinar os efeitos sobre as posturas dinâmicas e estáticas durante as aulas e as sessões de treino, bem como a influência do edifício escolar e do equipamento no desenvolvimento biológico, fisiológico e psicológico, para além de determinar a favorabilidade do edifício escolar e do equipamento.

Método

Conceção da investigação

A educação é o processo de mudança do comportamento dos indivíduos em geral. Por outras palavras, espera-se que o processo educativo seja uma mudança no comportamento da pessoa. (Variş 1981), os objectivos, a informação, o comportamento, as maneiras e os aspectos morais da pessoa são a mudança do pensamento educativo. Se uma pessoa está a entrar no processo de formação, esta mudança deve ser esperada na direção desejada. Neste sentido, (Ertürk 1972) a educação consiste em realizar o processo através das suas vidas e mudar o comportamento dos indivíduos de forma deliberada no sentido desejado. Com base nesta definição, pode dizer-se que a educação consiste em levar o processo através das suas próprias experiências e em cultivar deliberadamente a mudança em relação ao comportamento desejado dos indivíduos (Demirel 2012:6).

Noutra definição do conceito de educação feita tendo em conta a relação entre as instituições escolares; "A capacidade do indivíduo e o nível social ótimo de desenvolvimento pessoal e selecionado para obter um ambiente controlado (especialmente as escolas) no domínio do processo social", como foi sublinhado (Carter 1945:145).

No nosso país, um estudo realizado para determinar os padrões da estrutura escolar, a construção de escolas públicas que têm certos padrões e, portanto, a implementação dos projectos de acordo com o seu ano de estruturas escolares afirmou que a diferenciação das estruturas físicas.(Vural, Sadik 2003;17)

A dimensão física da escola tem um efeito multiplicador no processo educativo. A dimensão física da escola tem um efeito multiplicador sobre o processo educativo. Existe um contexto educativo padrão que tenha sido identificado em termos de estrutura escolar? Se este contexto é um padrão definido, os decisores da educação têm em conta a que nível estes padrões?

Participantes

O espaço de amostragem abrange as escolas primárias e secundárias do distrito de Isparta no ano letivo de 2014-2015 e as perguntas foram utilizadas para determinar o sexo, a idade, a altura, o peso, os hábitos de WC , os estados de espírito positivos e negativos na escola, a incapacidade, a consciência, os passatempos, a capacidade de alcance e os níveis de descontentamento dos 512 alunos participantes nas caraterísticas de construção de diferentes edifícios escolares. A amostragem contém as caraterísticas de construção dos edifícios escolares localizados no centro da cidade (6 dos quais são escolas primárias, 8 das quais são escolas secundárias, 8 das quais são escolas secundárias e um número total de 22) e as medidas do equipamento utilizado. Neste estudo, os grupos experimentais são avaliados em 6 categorias;

1. Grupo de escolas primárias: 108 alunos,

2. Grupo de escolas secundárias: 197 alunos,

3. Grupo de escolas secundárias: 207 alunos,

4. Grupo masculino: 249 alunos,

5. Grupo feminino: 263 alunos,

6. Total do grupo: 512 alunos.

Instrumento

O espaço de amostragem abrange as escolas primárias e secundárias do distrito de Isparta no ano letivo de 2014-2015 e as perguntas foram utilizadas para determinar o sexo, a idade, a altura, o peso, os hábitos de WC, os estados de espírito positivos e negativos na escola, a deficiência, a consciência, os passatempos, a capacidade de alcance e os níveis de descontentamento dos 512 alunos participantes relativamente às caraterísticas de construção de diferentes edifícios escolares.

O RULA (Rapid Upper Limp Assessment) foi desenvolvido para avaliar a exposição de trabalhadores individuais a factores de risco ergonómicos associados a lesões musculares dos membros superiores. A ferramenta de avaliação ergonómica RULA considera os requisitos de carga biomecânica e postural das tarefas/exigências profissionais no pescoço, tronco e extremidades superiores. É utilizada uma folha de cálculo de uma página para avaliar a postura corporal, a força e a repetição exigidas. Com base nas avaliações, são introduzidas pontuações para cada região do corpo na secção A, para o braço e o pulso, e na secção B, para o pescoço e o tronco. Depois de recolhidos e pontuados os dados de cada região, são utilizadas tabelas no formulário para compilar as variáveis dos factores de risco, gerando uma pontuação única que representa o nível de risco de LME.

O RULA (Rapid Upper Limb Assessment) foi concebido para uma utilização fácil, sem necessidade de um diploma avançado em ergonomia ou de equipamento dispendioso. Utilizando a folha de cálculo RULA, o avaliador atribui uma pontuação a cada uma das seguintes regiões do corpo: braço, antebraço, pulso, pescoço, tronco e pernas. Depois de recolhidos e pontuados os dados relativos a cada região, as tabelas do formulário são utilizadas para compilar as variáveis dos factores de risco, gerando uma pontuação única que representa o nível de risco de LME, tal como descrito abaixo:

Pontuação Nível de risco de MSD

1-2	Risco negligenciável, não é necessária qualquer ação
3-4	Risco baixo, pode ser necessária uma mudança
4-5	Risco médio, investigação adicional, mudança em breve
6+	Risco muito elevado, implementar a mudança agora

As circulares, regulamentos, diretivas do Ministério da Educação e a norma "TS 12860 - Requisitos de espaço em edifícios públicos - Edifícios de ensino - Regras gerais" foram utilizados para avaliar a conformidade das estruturas, equipamentos e materiais escolares. Os alunos das escolas designadas foram observados nas salas de aula.

São medidas as construções físicas das escolas, os instrumentos de formação, os materiais e equipamentos didácticos. São aplicadas as escalas desenvolvidas.

Análise de dados

Em primeiro lugar, foi aplicado um questionário e efectuadas medições para determinar o sexo, a idade, a altura, o peso, os hábitos de higiene, a disposição positiva e negativa na escola, a deficiência, a consciência, os passatempos, a capacidade de alcance e os níveis de descontentamento dos 512 alunos participantes. Além disso, foi elaborado e utilizado um formulário para encontrar as medidas de todos os equipamentos ergonómicos e caraterísticas de construção das estruturas escolares. O questionário utilizado como meio de recolha de dados foi entregue aos alunos nas escolas previamente determinadas, recebeu autorização da administração, foi preenchido pelos alunos e finalmente devolvido.

Além disso, a TS 12860 - Space requirements in public buildings - Education buildings - General rules e a 0-18 Age Height & Weight Table foram utilizadas na análise dos dados

Os formulários de inquérito aplicados foram recolhidos e depois analisados como formulários válidos e inválidos. O SPSS foi utilizado para analisar os formulários de inquérito. Para a resolução dos dados obtidos, são privilegiados os métodos estatísticos da frequência (F) e da ANOVA (one way ANOVA). Os dados são descodificados e interpretados em tabelas.

Os diretores das escolas preencheram o Formulário de Estrutura Escolar para Medição e Avaliação (FSSME) e, em seguida, os dados foram transcritos e interpretados.

Média de idade	13.5	Desvio padrão	3,027
Altura dos alunos	Mínimo: 1,18 m.	Desvio padrão	0,168
	Máximo: 1,88 m.	Variância S.D.	0,026
	Média: 1,564 m.		
Peso dos alunos	Mínimo: 18 kg	Desvio padrão	14,869
	Máximo: 95 Kg	Variância S.D.	221,096
	Média: 46,29 Kg	População S.D.	14,854

Este projeto contribuirá para a educação e a formação de um ângulo diferente e poderá ser utilizado por educadores, administradores, académicos, políticos, cientistas, engenheiros, pais e estudantes. Esta investigação abrange as escolas primárias e secundárias de Isparta em 2014-2015 e as caraterísticas de construção de 22 edifícios escolares diferentes. A investigação contém as perguntas do questionário utilizadas para determinar o sexo, a idade, a altura, o peso, os hábitos de higiene, o humor positivo e negativo na escola, a deficiência, a consciência, os passatempos, a capacidade de alcance e os níveis de descontentamento de 512 estudantes participantes. Foi utilizado o formulário de avaliação do trabalho RULA para avaliar a postura no trabalho e o SPSS para a análise dos dados.

Conclusões

Quadro 1. Os resultados da análise são apresentados em anexo em relação à estrutura das escolas inspeccionadas

Tópicos	Explicação	Favorável	Desfavorável sangrar
Segurança contra terramotos	É adequado às normas anti-sísmicas?	31,82%	68,18%
Cabinas sanitárias	1 cabina para 20 alunos (máx.)	63,64%	36,36%
Largura da escada	Mínimo 2 m.	59,09%	40,91%
Subida (Escadas)	Min. 14 cm. Máx. 17 cm.	86,37%	13,63%
Ir (Escadas)	Mínimo 29 cm.	90,90%	09,10%
Plataforma (Escadas)	Mínimo de 3 m.	81,82%	18,18%
Patamar (Escadas)	Mínimo 4,20 m2 (3 m. x 1,4 m.)	59,19%	40,91%
Comprimento do corredor	Mínimo 3,30 m.	68,18%	31,82%
Alturas de telhado (classe)	Mínimo 3,30 m.	40,90%	59,10%
Medida quadrada (C)	Mínimo 49 m2 (7 m. x 7 m.)	45,45%	54,55%
Área interior total	25 m²para 1 aluno (Min.)	04,54%	95,45%
Área total do jardim	2 m²para 1 aluno (Min.)	86,37%	13,63%
Alturas (secretária)	Mín. 610 mm. Máx. 760 mm.	100,0%	00,00%
Comprimento (secretária)	Mínimo 800 mm.	100,0%	00,00%
Largura (secretária)	Mínimo de 600 mm.	100,0%	00,00%
Largura para o joelho (D)	Mínimo 450 mm.	63,64%	36,36%
Cadeira	É confortável?	59,09%	40,91%
Altura (cadeira)	Mínimo 410 mm.	100,0%	00,00%
Comprimento (Cadeira)	Mínimo 800 mm.	100,0%	00,00%
Largura (cadeira)	Mínimo 350 mm.	100,0%	00,00%
Cadeira	É ergonómico?	40,90%	59,10%
Cadeira	Os pés devem estar no chão.	95,45%	04,55%
Cadeira	A espinha dorsal deve estar no meio da cadeira.	72,72%	27,28%
Cadeira	Os cotovelos devem estar na parte superior da secretária.	59,09%	40,91%
Cadeira	O joelho não deve ser fixado à cadeira.	100,0%	00,00%

| Cadeira | A altura deve ser variável. | 00,00% | 100,0% |
| Imobilidade | Máximo de 30 minutos | 00,00% | 100,0% |

A estrutura de um edifício escolar é o conjunto de colunas, vigas, paredes estruturais, pavimentos e estrutura do telhado, e é a sua estabilidade. Muitos edifícios escolares apresentam pequenas fissuras nas colunas de betão, nas vigas, nas paredes estruturais e nos pavimentos. Em alguns casos, não são motivo de preocupação. Ao longo do tempo, o edifício escolar assenta e desloca-se, criando pequenas tensões nas juntas dos materiais que podem provocar o aparecimento de pequenas fissuras. Na maior parte dos casos, trata-se de um fenómeno normal de assentamento da estrutura na sua fundação. No entanto, há casos em que outros factores estão a atuar e as fissuras são motivo de preocupação e de ação. A chave é ser capaz de distinguir a diferença. Na maioria das vezes, isso deve ser deixado para um profissional treinado. Se houver um problema estrutural grave no edifício escolar, este deve ser avaliado por um engenheiro de estruturas e devem ser efectuadas as reparações correspondentes.

Os resultados da Estrutura Escolar para Medição e Avaliação (FSSME) foram analisados e interpretados. A idade dos edifícios onde a investigação foi efectuada situa-se entre 1-140 anos.

O regulamento relativo às estruturas a construir nas zonas sísmicas e nas zonas de catástrofe foi promulgado em 06.03.2007, com a data de entrada em vigor e com o número 26454. De acordo com as disposições e princípios do regulamento, 1/3 dos edifícios escolares são de construção recente e os restantes 2/3 são antigos e não são resistentes aos sismos.

Princípios Gerais de Elaboração de Projectos Arquitectónicos de Edifícios de Ensino foi elaborado pelo Departamento de Investimentos e Instalações do Ministério da Educação. Os resultados da Estrutura Escolar para Medição e Avaliação (FSSME) foram analisados e interpretados. De acordo com as disposições e os princípios do regulamento, 41% do teto das salas de aula é adequado e 59% do teto das salas de aula não é adequado. 45% das áreas das salas de aula são adequadas e 55% das áreas das salas de aula não são adequadas na estrutura da escola.

"Para cada aluno deve haver um mínimo de 25 m$^{(2)}$ de áreas fechadas", oficialmente dito nos Princípios Gerais da Elaboração do Projeto Arquitetónico de Edifícios de Ensino. Foram analisados e interpretados os resultados do projeto "Estrutura Escolar para Medição e Avaliação" (FSSME). De acordo com as disposições e princípios do regulamento, 95,45% da área por aluno para a estrutura escolar é adequada e 4,54% da área por aluno para a estrutura escolar não é adequada.

A tabela de altura e peso 0-18 foi adaptada como valor de referência da literatura pediátrica, de desenvolvimento infantil e de ciências médicas para a altura e o peso dos alunos. A tabela foi utilizada nesta investigação para a análise dos dados.

Esta aplicação utiliza tabelas e dados da OMS para cálculos de altura/peso para a idade. Esta calculadora destina-se a crianças de etnia turca. Esta aplicação destina-se a crianças e adolescentes com idades compreendidas entre os 9 e os 18 anos. Esta calculadora determina o percentil de altura/peso com base na idade. O percentil descreve como a altura e o peso de uma criança se comparam aos de outras crianças. O percentil indica a percentagem de crianças que têm uma altura/peso inferior à da criança medida. Por exemplo, num grupo total de 100 crianças, um valor de percentil de 75 por cento significa que a criança mede mais do que 75 crianças e mede menos do que as outras 25 crianças.

Um percentil de 50% representa a média de altura/peso. Um valor de percentil inferior a 50% significa que a criança é inferior à média. Um valor de percentil superior a 50% significa que a criança é superior à média.

Nestas circunstâncias, 12% do total de alunos estão abaixo do limite (64 alunos), 70% do total de alunos estão normais (356 alunos) e 18% do total de alunos estão acima do limite (92 alunos) para as medidas de altura.

10% do total de alunos estão abaixo do limite (51 alunos), 85% do total de alunos estão normais (435 alunos) e 5% do total de alunos estão acima do limite (26 alunos) para as medições de peso.

O ser humano continua o seu crescimento através de determinadas fases, desde o nascimento até à morte. Estes períodos são a infância, a adolescência, a idade adulta e a velhice que, como se sabe, são anéis em cadeia ligados entre si. Cada universo consiste no impacto de um universo anterior e influencia o seguinte. Por outras palavras, a infância - para a adolescência, a adolescência para a idade adulta é grandemente influenciada.

A transição destes universos de um para o outro não tem apenas a ver com o desenvolvimento físico do indivíduo. Ao mesmo tempo, é a formação e o desenvolvimento de factores emocionais, sociais, económicos e culturais orientados. Por outro lado, cada universo tem uma caraterística física, emocional e social única e específica.

Fases do desenvolvimento da infância e da adolescência;

J Recém-nascido (0-4 semanas)

J Bebé (4 semanas-2 anos)

J Primeira Infância (2-6 anos)

J Última infância (6-11 anos para as mulheres) - (6-13 anos para os homens)

J Adolescência (11-20 anos no sexo feminino) - (13-20 anos no sexo masculino)

Como já foi referido, as pessoas vivem na escola durante as fases da última infância e da adolescência. É por isso que as caraterísticas das estruturas escolares - escadas, corredores, casas de banho, salas de aula, carteiras, cadeiras, mesas, jardim, cantina, etc. - têm efeitos diretos e indirectos no desenvolvimento fisiológico e psicológico dos alunos.

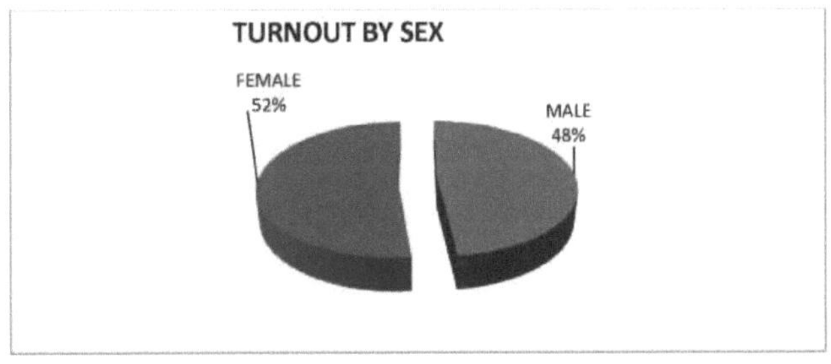

Gráfico 1- Taxas de participação por género

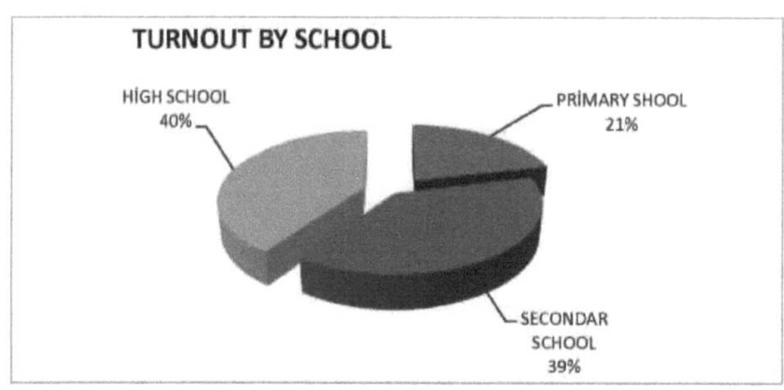

Gráfico 2 - Taxas de participação por escola

Tabela 2. Valores numéricos de referência de altura e peso para meninos e meninas de 0-18 anos na literatura médica.

	Estudante do sexo feminino				Estudante do sexo masculino			
	Min.	Máximo.	Mínimo	Máximo	Mínimo	Máximo	Mínimo	Máximo
Idade	Altura	Altura	Peso	Peso.	Altura	Altura	Peso	Peso
9	1,20	1,46	20	39	1,20	1,46	20	39
10	1,25	1,49	22	45	1,25	1,52	22	46
11	1,34	1,57	27	54	1,30	1,58	24	53
12	1,41	1,65	31	59	1,35	1,65	27	60
13	1,45	1,69	35	64	1,41	1,72	30	68
14	1,48	1,70	38	67	1,47	1,79	34	73
15	1,49	1,70	40	69	1,53	1,83	40	77
16	1,49	1,71	42	70	1,62	1,85	45	81
17	1,49	1,71	43	71	1,62	1,90	48	83
18	1,49	1,71	44	72	1,62	1,90	51	84

Valores numéricos de referência de altura e peso para rapazes e raparigas dos 0-18 anos na literatura médica e no desenvolvimento e formação da criança. Valores numéricos de referência para a altura e o peso dos alunos dos 9 aos 18 anos agrupados por sublimite, normal e limite superior.

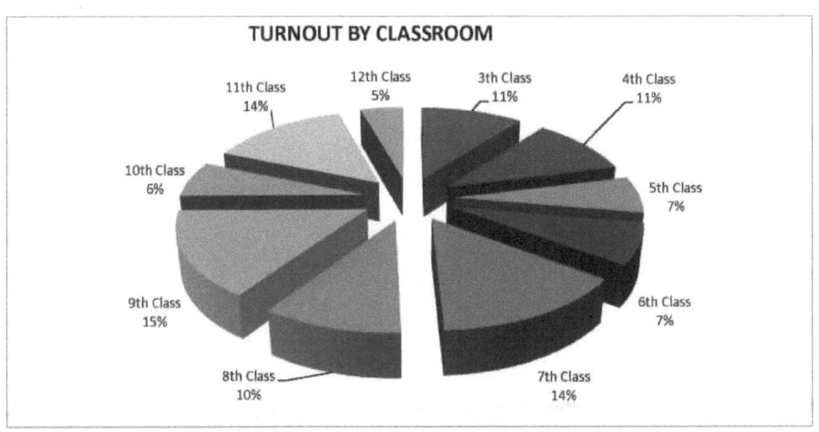

Gráfico 3- Taxas de participação por sala de aula

Tabela 3. Os valores numéricos de altura e peso dos alunos do sexo feminino estão abaixo.

Idade	Feminino Estudante	Estudantes do sexo feminino				Resultados dos alunos do sexo feminino					
		Ht. Sub Limite	Ht. Upp. Limite	Peso. Sub Limite	Peso. Upp. Limite	Ht. Sub Limite	Ht. Upp. Limite	Normal Altura	Peso. Sub Limite	Peso. Upp. Limite	Normal Peso
9	24	1,20	1,46	20	39	6	1	17	7	1	16
10	28	1,25	1,49	22	45	11	0	17	6	0	22
11	34	1,34	1,57	27	54	11	2	21	6	0	28
12	14	1,41	1,65	31	59	6	0	8	3	0	11
13	21	1,45	1,69	35	64	2	3	16	4	1	16
14	26	1,48	1,70	38	67	0	6	20	2	0	24
15	45	1,49	1,70	40	69	2	12	31	0	1	44
16	16	1,49	1,71	42	70	0	5	11	0	1	15
17	40	1,49	1,71	43	71	0	17	23	3	1	36
18	15	1,49	1,71	44	72	0	6	9	0	1	14
263						38	52	173	31	6	226

Valores numéricos da altura e do peso dos alunos do sexo feminino; altura sublimite 14% (38 alunos), altura normal 66% (173 alunos), altura superior 20% (52 alunos) e peso sublimite 12% (31 alunos), peso normal 86% (226 alunos), peso superior 2% (12 alunos)

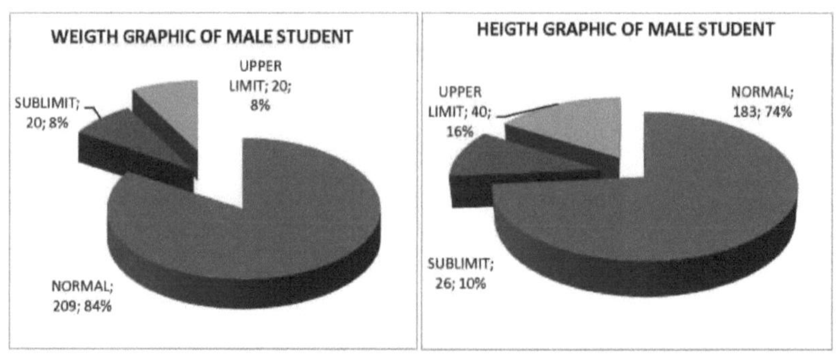

Gráfico 4 - Gráfico de peso da distribuição dos alunos do sexo masculino. Gráfico 5 - Gráfico de altura da distribuição dos alunos do sexo masculino

Tabela 4. Os valores numéricos da altura e do peso do aluno do sexo masculino estão abaixo.

	Estudantes do sexo masculino					Resultados dos alunos do sexo masculino					
		Ht.	Ht.	Peso.	Peso.	Ht.	Ht.		Peso.	Peso.	
	Masculino	Sub.	Upp.	Sub.	Upp.	Sub.	Upp.	Normal	Sub.	Upp.	Normal
Idade	Estudante	Limite	Limite	Limite	Limite	Limite	Limite	Altura	Limite	Limite	Peso
9	30	1,20	1,46	20	39	7	8	15	5	1	24
10	26	1,25	1,52	22	46	7	1	18	4	1	21
11	0	1,30	1,58	24	53	0	0	0	0	0	0
12	23	1,35	1,65	27	60	4	4	15	2	0	21
13	53	1,41	1,72	30	68	2	10	41	5	7	41
14	26	1,47	1,79	34	73	3	4	19	2	2	22
15	33	1,53	1,83	40	77	1	4	28	1	4	28
16	17	1,62	1,85	45	81	0	3	14	0	4	13
17	33	1,62	1,90	48	83	2	6	25	1	0	32
18	8	1,62	1,90	51	84	0	0	8	0	1	7
249						26	40	183	20	20	209

Valores numéricos da altura e do peso dos alunos do sexo masculino; Altura sublimite 10% (26 alunos), Altura normal 74% (183 alunos), Altura superior 16% (40 alunos) e Peso sublimite 8% (20 alunos), Peso normal 84% (209 alunos), Peso superior 8% (20 alunos)

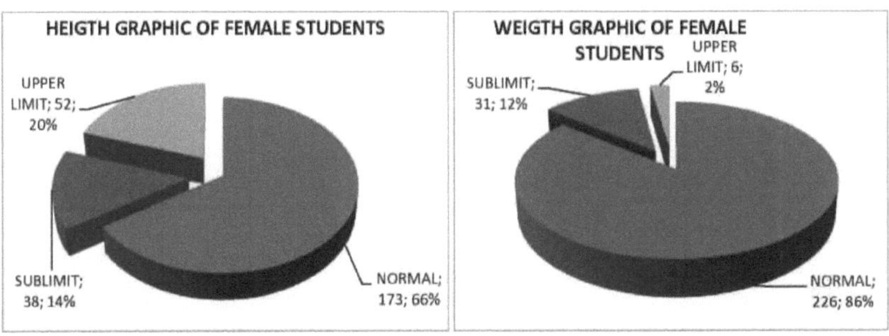

Gráfico 6 - Gráfico da distribuição dos alunos do sexo feminino Gráfico 7 - Gráfico da distribuição dos alunos do sexo feminino

Tabela 5. Os valores percentuais de altura e peso dos alunos do sexo feminino e masculino estão abaixo.

Idade	Resultados dos alunos do sexo feminino % Normal						Resultados dos alunos do sexo masculino %					
	Ht Sub Limite	Ht Upp. Limite	Normal Altura	Peso. Sub Limite	Peso. Upp. Limite	Peso	Ht. Sub Limite	Ht. Upp. Limite	Normal Altura	Peso. Sublimite	Peso. Upp. Limite	Normal Peso
9	25,00	4,17	70,83	29,18	4,17	66,69	23,33	26,70	49,97	16,67	33,33	50,00
10	39,29	0,00	60,71	21,43	0,00	78,57	26,92	3,85	69,23	15,38	3,84	80,78
11	32,35	5,88	61,77	17,65	0,00	82,35	0,00	0,00	0,00	0,00	0,00	0,00
12	42,86	0,00	57,14	21,43	0,00	78,57	17,39	17,39	65,22	8,70	0,00	91,30
13	9,53	14,29	76,18	19,05	4,77	76,18	3,77	18,68	77,35	9,44	13,20	77,36
14	0,00	23,08	76,92	7,70	0,00	92,30	11,53	15,38	73,09	7,70	7,70	84,60
15	4,45	26,70	68,85	0,00	2,23	97,77	3,03	12,12	84,85	3,03	12,12	84,85
16	0,00	31,25	68,75	0,00	6,25	93,75	0,00	17,65	82,35	0,00	23,52	76,48
17	0,00	42,50	57,50	7,50	2,50	90,00	6,06	18,18	75,76	3,03	0,00	96,97
18	0,00	40,00	60,00	0,00	6,67	93,33	0,00	0,00	100, 00	0,00	12,50	87,50

Valores numéricos de altura e peso dos alunos do sexo masculino; Altura sublimite 10% (26 alunos), Altura normal 74% (183 alunos), Altura superior 16% (40 alunos) e Peso sublimite 8% (20 alunos), Peso normal 84% (209 alunos), Peso superior 8% (20 alunos)

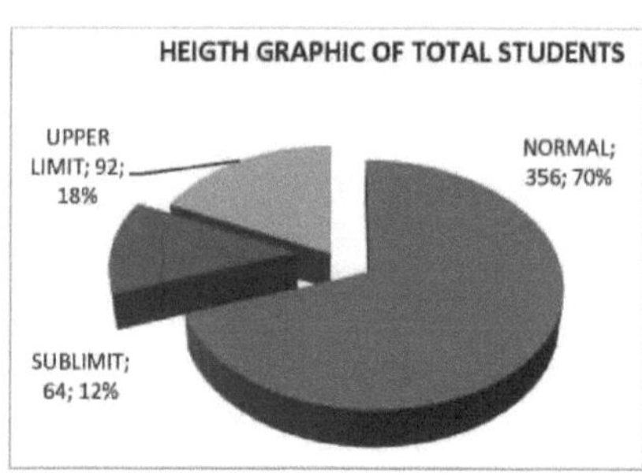

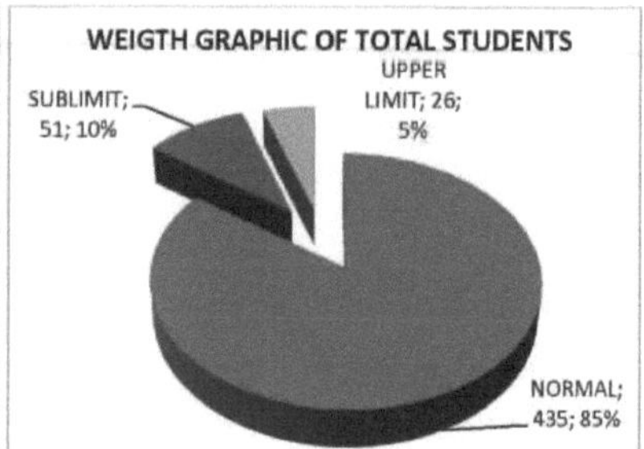

Gráfico 8 - Gráfico de altura da distribuição do total de alunos Gráfico 9 - Gráfico de peso da distribuição do total de alunos

Ensino obrigatório na Turquia

Estrutura global do sistema de ensino nacional turco

O Sistema Nacional de Educação, determinado pela Lei de Bases da Educação Nacional n.º 1739, é composto por duas partes principais, nomeadamente a "educação formal" e a "educação não formal".

Educação formal

O ensino formal é o ensino regular ministrado numa escola a indivíduos de uma determinada faixa etária e do mesmo nível, no âmbito de programas desenvolvidos de acordo com o objetivo.

O ensino formal inclui o ensino pré-primário, o ensino primário, o ensino secundário inferior, o ensino secundário superior e as instituições de ensino superior.

Ensino pré-primário

O ensino pré-primário consiste na educação de crianças com idades compreendidas entre os 3 e os 5 anos, que não tenham atingido a idade da escolaridade obrigatória no ensino primário, numa base facultativa. Os estabelecimentos de ensino pré-primário podem ser criados como jardins-de-infância independentes ou, se for considerado necessário, como classes de infantários no âmbito de uma escola de ensino primário ou como classes de prática associadas a outros estabelecimentos de ensino afins. O objetivo do ensino pré-primário é assegurar que as crianças se desenvolvam física, mental e emocionalmente e adquiram bons hábitos, que sejam preparadas para o ensino primário, que seja proporcionado um ambiente comum de educação às crianças oriundas de meios desfavorecidos e que falem turco de forma adequada e correta. Os estabelecimentos de ensino pré-primário são abertos sob a forma de jardins-de-infância independentes e de infantários e aulas práticas no âmbito de estabelecimentos de ensino formais e não formais com capacidade física adequada.

Instituições de ensino primário

A idade de escolaridade obrigatória no ensino primário abrange o grupo etário dos 6 aos 13 anos. A inscrição neste grupo etário começa no final do mês de setembro, quando a criança completa 5 anos, e termina no final do ano letivo, quando a criança completa 13 anos e começa a ter 14 anos. O objetivo do ensino primário é assegurar que cada criança turca adquira os conhecimentos, as competências, o comportamento e os hábitos necessários para se tornar um bom cidadão e seja educada de acordo com o conceito de moral nacional e que esteja preparada para a vida e para o nível de ensino seguinte, de acordo com os seus interesses, talentos e capacidades. Os estabelecimentos de ensino primário são constituídos por escolas secundárias inferiores de quatro anos e obrigatórias escolas secundárias inferiores de quatro anos e obrigatórias que dão a oportunidade de permitir a escolha entre diferentes programadores, e escolas secundárias inferiores para imãs e pregadores. As aulas preferenciais no tipo de apoio ao ensino secundário superior dos alunos são constituídas pelas capacidades, melhorias e preferências dos alunos nas escolas secundárias inferiores e nas escolas secundárias inferiores para imãs e pregadores.

Ensino Secundário Superior

O ensino secundário superior inclui todas as instituições de ensino, instituições gerais de ensino profissional e técnico com pelo menos quatro anos de ensino formal ou não formal obrigatório, com base no ensino primário e secundário inferior. Os objectivos e deveres do ensino secundário, de acordo com os objectivos gerais e os princípios básicos da Educação Nacional, são os seguintes

1. Permitir que todos os alunos tenham a consciência e o poder de conhecer os

problemas, desde que a cultura, no mínimo, seja generalizada e comum, procure formas de solução e adquira a consciência de contribuir para o desenvolvimento e o poder económico, social e cultural do país.

2.   Preparar os estudantes para o ensino superior ou para os domínios da vida e do trabalho, de acordo com os seus interesses, aptidões e capacidades, através de vários programas e escolas. Ao mesmo tempo que estas missões são cumpridas, é estabelecido um equilíbrio entre as expectativas e capacidades dos estudantes e as necessidades da sociedade.

Para que a educação formal funcione de acordo com os objectivos dos seus planos e programadores, é necessária a compilação de dados relevantes de forma precisa, fiável e analisável. A aplicabilidade do planeamento educacional será possível através da rápida compilação e transmissão de dados estatísticos implícitos, precisos e fiáveis aos utilizadores. A publicação preparada para os fins acima referidos inclui o número de novos ingressos, estudantes, diplomados e professores por estabelecimento de acordo com as regiões estatísticas, bem como determinados indicadores educativos comparáveis a nível internacional.

Pré-escolar de verão

O objetivo dos programas da escola de verão é difundir e desenvolver o ensino pré-primário e satisfazer as necessidades das famílias que estão a trabalhar no que diz respeito aos cuidados e à educação dos seus filhos. O programa da escola de verão é um ensino que abrange as matérias que têm importância e prioridade no ensino pré-primário e é implementado no verão, especialmente para crianças com idades entre os 60 e os 66 meses que não podem continuar o ensino pré-primário.

Sala de aula móvel

Com o objetivo de desenvolver o ensino pré-primário, a sala de aula móvel é uma implementação do ensino pré-primário baseado em instituições para crianças de famílias com baixos rendimentos, com idades compreendidas entre os 36 e os 66 meses, que não podem frequentar instituições de ensino pré-primário.

O projeto da sala de aula móvel é realizado pela Direção Geral do Ensino Básico para as direcções provinciais de educação, municípios e universidades.

Escola Secundária Aberta

É a instituição que oferece a oportunidade de concluir o ensino secundário inferior aos cidadãos que concluíram o ensino primário mas não puderam frequentar o ensino secundário inferior por qualquer motivo, através do método de ensino à distância. Não existem divisões e professores de acordo com o sistema.

Ensino Secundário Geral

Trata-se de um processo educativo obrigatório de quatro anos que prepara os estudantes para o ensino superior e para o futuro, de acordo com os seus interesses, expectativas e capacidades, para além de os dotar de conhecimentos do mundo com uma educação baseada no ensino básico.

Ensino secundário profissional e técnico

Trata-se de um processo educativo obrigatório de quatro anos que prepara os alunos para o ensino superior e para o futuro, bem como para uma profissão e áreas de trabalho de acordo com os seus interesses, expectativas e capacidades, para além de os dotar de conhecimentos do mundo com uma educação baseada no ensino básico.

Escola Secundária Superior Aberta

Oferece educação a estudantes que não podem frequentar instituições de ensino formal que oferecem educação presencial, que concluíram a fase de educação formal em termos de idade e que pretendem seguir um ensino secundário superior aberto enquanto frequentam o ensino secundário superior. O ensino é ministrado através de um sistema de aprovação ou reprovação e de créditos. Não existem aulas nem professores, uma vez que o sistema não os exige.

Ensino superior

O ensino superior compreende todos os estabelecimentos de ensino que têm por base o ensino secundário e que ministram, pelo menos, dois anos de ensino superior. Os objectivos e deveres do ensino secundário, de acordo com as finalidades gerais e os princípios básicos da Educação Nacional, são os seguintes

1. Formar os estudantes de acordo com as políticas científicas do nosso país e as necessidades de mão de obra nos níveis superiores e diversos da sociedade, de acordo com os seus interesses, aptidões e capacidades,

2. Proporcionar formação científica a vários níveis,

3. Fazer investigação explorando as ciências em pormenor, a fim de encontrar soluções para problemas científicos, técnicos e culturais, especialmente os relacionados com o nosso país,

4. Fornecer à sociedade os resultados da investigação centrada nos problemas do nosso país no que respeita ao seu progresso e desenvolvimento, com a coordenação do governo e das instituições, e dar parecer sobre a investigação solicitada pelo governo,

5. Publicar tudo o que mostra os resultados da investigação e que permite o desenvolvimento da ciência e da tecnologia,

6. Prestação de serviços educativos, tais como a divulgação de dados científicos susceptíveis de melhorar o nível da sociedade turca e de esclarecer o público sob forma escrita ou oral.

Educação não formal

Em conformidade com os objectivos gerais e os princípios básicos da educação nacional, os objectivos da educação não formal, que abrange os cidadãos que nunca entraram no sistema de educação formal, que se encontram em qualquer nível desse sistema ou que o abandonaram, e que pode acompanhar a educação formal ou ser independente desta, são os seguintes

•   Ensinar os cidadãos a ler e a escrever e dar-lhes a possibilidade de uma educação contínua para que possam completar a sua educação deficiente,

•   Proporcionar-lhes a oportunidade de uma educação que os ajude a adaptar-se à evolução científica, tecnológica, económica, social e cultural,

- Proporcionar uma educação que sirva para proteger, desenvolver, promover e assimilar os valores da nossa cultura nacional,

- Assegurar a aquisição e a assimilação de uma compreensão e de hábitos de convivência, de solidariedade, de entreajuda, de trabalho em comum e de organização,

- Proporcionar aos cidadãos que frequentam o ensino não formal oportunidades de aceder a uma profissão, de acordo com as políticas de emprego e em conformidade com o desenvolvimento da economia,

- Promover um modo de vida saudável e hábitos alimentares saudáveis,

- Fornecer às pessoas que exercem várias profissões as informações e competências necessárias para o seu desenvolvimento futuro,

- Criar o hábito de gastar e utilizar o tempo livre de forma produtiva.

ESCOLAS	NÚMERO DE ESCOLAS	NÚMERO DE PROFESSORES	NÚMERO DE ALUNOS
PRIMÁRIO ESCOLAS	27.544	295.252	5.434.150
SECUNDÁRIO ESCOLAS	16.969	296.065	5.228.107
ESCOLAS SUPERIORES	9.061	298.378	5.691.071
UNIVERSIDADE FACULDADES	190/1755	284.874	3.817.086
TOTAL	55329	1.174.569	20.170.414

Quadro 6 Números de escolas, estudantes e pessoal docente (professores) no ensino primário, secundário, superior e universitário no sistema educativo da Turquia.

Análise SPPS

Quadro 7

Qual é a sua opinião sobre a estrutura da sua escola?

	Frequência	Percentagem	Percentagem válida	Percentagem acumulada
Válido Muito bom	109	21,3	21,3	21,3
Bom	161	31,4	31,4	52,7
Não é mau	185	36,1	36,1	88,9
Mau	57	11,1	11,1	100,0
Total	512	100,0	100,0	

Tabela 7 - O nível de avaliação dos alunos é indiferenciado para todos os grupos experimentais no que diz respeito à qualidade da estrutura da sua escola (Sig>0,05). i.e.; o nível de avaliação dos alunos é semelhante para os grupos experimentais (grupo masculino, grupo feminino, grupo de turma, grupo de escola e grupo total)

Quadro 8

Qual é a sua opinião sobre as casas de banho e os lavatórios da sua escola?

	Frequência	Percentagem	Percentagem válida	Percentagem acumulada
Válido Muito bom	58	11,3	11,3	11,3
Bom	122	23,8	23,8	35,2
Não é mau	183	35,7	35,7	70,9
Mau	149	29,1	29,1	100,0
Total	512	100,0	100,0	

Tabela 8 O nível de avaliação dos alunos é um pouco diferente para todos os grupos experimentais no que diz respeito à qualidade das casas de banho e lavatórios na sua escola (Sig>0,05), ou seja, o nível de avaliação dos alunos do sexo feminino é mais negativo do que o dos alunos do sexo masculino e dos outros grupos.

As casas de banho dos alunos projectam a imagem de uma escola - boa ou má - e têm um efeito na moral, no comportamento e, potencialmente, na saúde dos alunos. O problema é que as casas de banho da escola podem não estar no topo da lista do orçamento da escola e das prioridades de melhoria. No entanto, o estado das casas de banho da escola é muitas vezes a questão mais preocupante para os alunos. Uma política escrita sobre as casas de banho da escola constitui uma forte indicação para os alunos e pais/encarregados de educação de que a escola valoriza e respeita a saúde, a segurança e o bem-estar dos seus alunos. Uma política permite que a escola desenvolva e mantenha uma filosofia partilhada e uma abordagem coordenada das suas casas de banho escolares e da forma como os alunos as podem utilizar. Encoraja as escolas a fazer uma auditoria adequada das casas de banho e a ter em conta as necessidades dos alunos.

Os resultados da Estrutura Escolar para Medição e Avaliação (FSSME) foram analisados e interpretados. 64% das cabinas sanitárias das escolas são adequadas às normas e 36% das cabinas sanitárias das escolas não são adequadas às normas.

Os Regulamentos da Educação (Instalações Escolares) de 1999 estipulam normas mínimas para as instalações escolares. Os regulamentos estabelecem o número de casas de banho e lavatórios que devem ser disponibilizados de acordo com o número de alunos em todas as escolas existentes e novas.

Casas de banho:

- Alunos com mais de 5 anos de idade: 1 casa de banho por cada 20 alunos.

- Alunos com menos de 5 anos: 1 casa de banho por cada 10 alunos.

- Nas escolas especiais: 1 casa de banho por cada 10 alunos, independentemente da idade.

- Na Turquia: 1 casa de banho por cada 20 alunos (5-18 anos).

Os regulamentos também exigem que as casas de banho dos alunos do sexo masculino e feminino com mais de oito anos de idade sejam separadas. As casas de banho das raparigas não devem ter urinóis. As casas de banho do pessoal, exceto as destinadas a deficientes, devem ser separadas das casas de banho dos alunos. O facto de se fornecer o número básico de instalações sanitárias não significa, por si só, que todas as normas relevantes tenham sido cumpridas. Os regulamentos exigem que as instalações sanitárias (retretes, urinóis, lavatórios e pias) sejam adequadas, tendo em conta a idade, o sexo e o número de alunos, bem como quaisquer necessidades especiais que estes possam ter.

Quadro 9

Qual é a sua opinião sobre o jardim da sua escola?

		Frequência	Percentagem	Percentagem válida	Percentagem acumulada
Válido	Muito bom	121	23,6	23,6	23,6
	Bom	223	43,6	43,6	67,2
	Não é mau	135	26,4	26,4	93,6
	Mau	33	6,4	6,4	100,0
	Total	512	100,0	100,0	

Tabela 9 O nível de avaliação dos alunos é indiferenciado para todos os grupos experimentais no que diz respeito à qualidade da horta da sua escola (Sig>0,05). i.e.; o nível de avaliação dos alunos é semelhante para os grupos experimentais (grupo masculino, grupo feminino, grupo de turma, grupo de escola e grupo total) Os resultados da Estrutura Escolar para Medição e Avaliação (FSSME) foram analisados e interpretados. 86% das hortas das escolas estão adequadas às normas. 14% das hortas das escolas não estão adequadas às normas.

Quadro 10

Qual é a sua opinião sobre as áreas desportivas da sua escola?

		Frequência	Percentagem	Percentagem válida	Percentagem acumulada
Válido	Muito bom	94	18,4	18,4	18,4
	Bom	177	34,6	34,6	52,9

Não é mau	142	27,7	27,7	80,7
Mau	99	19,3	19,3	100,0
Total	512	100,0	100,0	

Tabela 10 O nível de avaliação dos alunos é diferente para todos os grupos experimentais no que diz respeito à qualidade das áreas desportivas da sua escola (Sig>0,05). O nível de avaliação das alunas é mais negativo do que o dos grupos masculinos e dos outros grupos, ou seja, as alunas não utilizam os espaços desportivos. Esta questão é a mais comentada no capítulo das opiniões livres do inquérito pelas alunas.

Quadro 11

Onde é que bebem água na vossa escola?

	Frequência	Percentagem	Percentagem válida	Percentagem acumulada
Válido Da cantina	260	50,8	50,8	50,8
Da minha casa	176	34,4	34,4	85,2
Da casa de banho	55	10,7	10,7	95,9
Outros	21	4,1	4,1	100,0
Total	512	100,0	100,0	

Tabela 11 O nível de avaliação dos alunos é indiferenciado para todos os grupos experimentais no que diz respeito ao abastecimento de água potável na sua escola (Sig>0,05). i.e.; o nível de avaliação dos alunos é semelhante para os grupos experimentais (grupo masculino, grupo feminino, grupo de turma, grupo de escola e grupo total)

Como parte do envolvimento com as crianças e os jovens, foi fornecido aos alunos um questionário sobre as casas de banho da escola, dando-lhes a sua opinião sobre as casas de banho da escola. No total, foram recebidas 512 respostas, das quais 249 raparigas, 263 rapazes e dois que não identificaram o seu género. Seguem-se algumas das questões colocadas no questionário e as respostas?

A idade dos edifícios onde a investigação foi efectuada situa-se entre 1-140 anos. Em todo o mundo, as canalizações dos edifícios escolares antigos são fabricadas com tubos galvanizados e materiais de acessórios galvanizados.

Fontes de chumbo na água potável

A maioria das fontes de água potável não tem chumbo ou tem níveis muito baixos de chumbo. A maior parte do chumbo entra na água potável depois de a água sair do poço local ou da estação de tratamento e entrar em contacto com materiais de canalização que contêm chumbo. Estes componentes da canalização incluem:

- Tubos de chumbo e solda de chumbo (comummente utilizados até 1986)

- Torneiras, válvulas e outros componentes de latão

As interações físicas e químicas que ocorrem entre a água e a canalização são designadas por corrosão. A corrosão contribui para a quantidade de chumbo que pode ser libertado dos componentes da canalização para a água potável.

Uma instalação pode ter demasiado chumbo na sua água potável devido à canalização. O potencial de lixiviação do chumbo para a água potável aumenta com o tempo que a água está em contacto com a canalização de chumbo. O tempo de lixiviação do chumbo na água potável pode variar entre instalações.

As instalações com utilização intermitente de água podem ter concentrações elevadas de chumbo porque a água está em contacto com os componentes da canalização durante mais tempo. Nessas instalações, é importante testar a água potável nas torneiras para detetar a presença de chumbo. As torneiras de água potável são locais onde a água pode ser acedida para consumo, tais como:

- Um bebedouro

- Uma torneira de água

Muitos factores influenciam a corrosão

A corrosão do chumbo tende a ocorrer mais frequentemente em:

- Água "macia" (água que faz espuma facilmente no sabão)

- Água ácida (pH baixo)

Outros factores que podem contribuir para o potencial de corrosão da água incluem:

- Velocidade da água

- Temperatura

- Alcalinidade

- Níveis de cloro

- A idade e o estado das canalizações

- O tempo que a água está em contacto com a canalização

A ocorrência e a taxa de corrosão dependem da interação complexa entre vários destes e de outros factores químicos, físicos e biológicos.

O chumbo é um metal tóxico que é prejudicial à saúde humana. O chumbo não tem qualquer valor conhecido para o corpo humano. O corpo humano não consegue distinguir entre o chumbo e o cálcio.

O cálcio é um mineral que fortalece os ossos. Tal como o cálcio, o chumbo permanece na corrente sanguínea e nos órgãos do corpo durante alguns meses. O que não é excretado é absorvido pelos ossos, onde se pode acumular durante toda a vida.

As crianças pequenas, com seis anos ou menos, correm um risco especial de exposição ao chumbo. Têm uma atividade frequente de contacto com a boca e absorvem o chumbo mais facilmente do que os adultos. O sistema nervoso das crianças ainda está em desenvolvimento. Por conseguinte, são mais susceptíveis aos efeitos dos agentes tóxicos.

O chumbo é também nocivo para os fetos em desenvolvimento das mulheres grávidas.

Não foi determinado um nível seguro de chumbo no sangue das crianças. O chumbo pode afetar quase todos os órgãos e sistemas do corpo. O mais sensível é o sistema nervoso central (cérebro), especialmente nas crianças. O chumbo também afecta os rins e o sistema reprodutor. Os efeitos são os mesmos quer seja respirado ou ingerido.

Níveis baixos de chumbo no sangue (inferiores a 10 μg/dL) têm sido associados a:

- Redução do QI e da capacidade de atenção

- Dificuldades de aprendizagem

- Mau desempenho na sala de aula

- Hiperatividade

- Problemas de comportamento

- Crescimento prejudicado

- Perda de audição

Níveis muito elevados de chumbo no sangue (70 μg/dL ou mais) podem causar problemas neurológicos graves. Estes incluem coma, convulsões e até a morte. O único método para determinar o nível de chumbo de uma criança é uma análise ao chumbo no sangue.

O grau de dano da exposição ao chumbo depende de uma série de factores, incluindo:

- A frequência

- Duração

- Dose da(s) exposição(ões)

- Factores de suscetibilidade individual (por exemplo, idade, história de exposição anterior, nutrição e saúde)

O grau de dano também depende da exposição ao chumbo proveniente do ambiente, incluindo de:

- Ar

- Solo

- Poeira

- Alimentação

- Água

O chumbo na água potável pode contribuir significativamente para a exposição global ao chumbo. Isto é particularmente verdade para os bebés cuja dieta consiste em líquidos feitos com água. Isto inclui comida para bebé e leite em pó.

Quadro 12

Com que frequência vai à casa de banho na escola? **TOTAL DE ALUNOS**

	Frequência	Percentagem	Percentagem válida	Percentagem acumulada
Válido Sempre	41	8,0	8,0	8,0
Por vezes	194	37,9	37,9	45,9
Ser apenas levado em consideração	221	43,2	43,2	89,1
Nunca	56	10,9	10,9	100,0
Total	512	100,0	100,0	

&

Com que frequência vai à casa de banho na escola? **ESCOLA PRIMÁRIA**

	Frequência	Percentagem	Válido Percentagem	Acumulado Percentagem
Válido Sempre	8	7,4	7,4	7,4
Por vezes	39	36,1	36,1	43,5
Ser apenas levado em consideração	51	47,2	47,2	90,7
Nunca	10	9,3	9,3	100,0
Total	108	100,0	100,0	

&

Com que frequência vai à casa de banho na escola? **ESCOLA SECUNDÁRIA**

Válido Acumulado

	Frequência	Percentagem	Percentagem	Percentagem
Válido Sempre	8	4,1	4,1	4,1
Por vezes	72	36,5	36,5	40,6
Ser apenas levado em consideração	87	44,2	44,2	84,8
Nunca	30	15,2	15,2	100,0
Total	197	100,0	100,0	

&

Com que frequência vai à casa de banho na escola? **ESCOLA**

			Válido	Acumulado
	Frequência	Percentagem	Percentagem	Percentagem
Válido Sempre	25	12,1	12,1	12,1
Por vezes	83	40,1	40,1	52,2
Ser apenas levado em consideração	83	40,1	40,1	92,3
Nunca	16	7,7	7,7	100,0
Total	207	100,0	100,0	

Tabela 12: O nível de avaliação dos alunos é indiferenciado para todos os grupos experimentais no que diz respeito à frequência urinária na sua escola (Sig>0,05). Ou seja, o nível de avaliação dos alunos é semelhante apenas para os grupos experimentais (grupo masculino, grupo feminino, grupo da turma, grupo da escola e grupo total);

Para se manterem saudáveis, as crianças precisam de beber água regularmente ao longo do dia. Também precisam de esvaziar a bexiga e os intestinos regular e completamente quando surge a necessidade. As crianças precisam de ter acesso livre a água potável fresca, uma vez que a ingestão inadequada de líquidos pode levar, consciente ou inconscientemente, a que evitem ir à casa de banho.

Há ocasiões em que as crianças precisam de "aguentar" antes de poderem ir à casa de banho, mas atrasos prolongados e repetidos podem causar angústia e problemas de saúde. A demora pode levar à obstipação, que por sua vez pode resultar em sujidade, ou podem ter infecções da bexiga/urina. Para algumas crianças, qualquer atraso é impossível. A bexiga e os intestinos de cada criança são individuais e a sua capacidade vesical e intestinal é muito variável, funcionando segundo o seu próprio horário e diferindo de acordo com uma multiplicidade de factores variáveis. Por conseguinte, é pouco provável que o horário de uma criança esteja em conformidade com o horário da escola. Os alunos podem não ter a possibilidade de ir à casa de banho entre cada aula e pode haver longos períodos do dia escolar sem intervalo. Em Lifting the lid on the nation's school toilets, o Children's Commissioner concluiu que 54,1% dos inquiridos afirmaram que era difícil obter autorização para utilizar as casas de banho durante as aulas.

Restringir o acesso à casa de banho a horas definidas incentiva a prática do "vou só por precaução", que pode contribuir para a "síndrome da bexiga pequena". Esvaziar a bexiga antes de estar cheia pode reduzir a capacidade e significa que a bexiga não se habitua a aguentar até estar cheia. Isto pode criar problemas como a necessidade de ir mais vezes à casa de banho durante o dia e a noite, e a necessidade de ir à casa de banho com pressa para evitar acidentes. Ao mesmo tempo, a quantidade de líquidos que uma criança pode beber antes de precisar de ir à casa de banho é reduzida. Os alunos podem também evitar esvaziar os intestinos na escola. Isto pode dever-se à falta de privacidade, às más condições da casa de banho e à falta de tempo para ir à casa de banho. As fechaduras são essenciais para a privacidade e, se não existirem, contribuem para que os alunos evitem ir à casa de banho. As casas de banho que estão em mau estado e que precisam de ser renovadas e limpas com mais frequência podem ser mais susceptíveis de atrair maus comportamentos. As casas de banho das escolas podem tornar-se uma zona livre de adultos. É importante que os alunos se sintam sempre seguros para utilizar as casas de banho e o pessoal e os alunos devem trabalhar para desenvolver estratégias que garantam este objetivo.

A escola deve promover ambientes seguros, fiáveis, de fácil manutenção e de fácil utilização para as casas de banho. Os alunos precisam de se sentir confortáveis e seguros para se sentirem motivados a usar a casa de banho. Casas de banho bem iluminadas, brilhantes e coloridas ajudam a aumentar o moral dos alunos. Envolver os alunos na sua conceção e decoração incentiva a apropriação e o orgulho e reduz o vandalismo. A facilidade de limpeza também deve ser considerada na conceção e renovação das casas de banho. A maioria das casas de banho dos alunos precisa de ser limpa pelo menos duas vezes por dia. Um dia prolongado pode aumentar este número para três ou mais vezes. Os dispensadores de sabão com fugas, os cantos incómodos e as superfícies com fissuras contribuem para um ambiente sujo.

A localização das casas de banho também é importante, uma vez que os alunos podem ter de percorrer uma certa distância dentro da escola para chegar à casa de banho. Isto pode fazer com que os professores se sintam relutantes em deixar os alunos saírem da sala de aula para irem à casa de banho. As casas de banho situadas longe das salas de aula apresentam dificuldades particulares para os alunos com necessidades especiais. As casas de banho anexas a cada sala de aula ou grupo de salas de aula são uma solução particularmente boa. Estas permitem que os alunos tenham um acesso mais fácil às casas de banho durante as aulas e que os professores possam vigiar melhor os alunos.

Os germes encontram-se praticamente em todo o lado. São transferidos para as nossas mãos quando tocamos noutras pessoas, animais, fluidos corporais, superfícies contaminadas e alimentos crus, e quando tossimos e espirramos. Podem depois passar para o nosso corpo (por exemplo, quando comemos sem lavar primeiro as mãos), para outras pessoas, alimentos e outras superfícies em que tocamos. A lavagem cuidadosa das mãos com sabão líquido e água corrente é a forma mais eficaz de impedir que os germes entrem no nosso corpo e causem infecções. Estudos mostram que uma boa lavagem das mãos depois de usar a casa de banho reduz a propagação de infecções gastrointestinais.

Apesar de ser muito provável que as sanitas estejam contaminadas com germes, o risco de transmissão é normalmente baixo. No entanto, a transmissão pode ocorrer através do contacto direto com a superfície contaminada, por exemplo, ao tocar na sanita, ao salpicar ou durante a descarga do autoclismo. Por conseguinte, as casas de banho devem ser verificadas regularmente ao longo do dia e limpas e desinfectadas sempre que necessário. A frequência dos procedimentos de limpeza e manutenção dependerá do número de crianças que utilizam as instalações e se têm bons hábitos de utilização da casa de banho. Quando a limpeza é feita apenas uma vez por dia, é muito mais provável que as casas de banho se tornem pouco higiénicas e sejam evitadas por alguns alunos.

Table 13

Foi contagiado pela sua escola?

	Frequência	Percentagem	Válida Percentagem	Percentagem acumulada
Válido Sim	66	12,9	12,9	12,9
Não	336	65,6	65,6	78,5
Não sei	89	17,4	17,4	95,9
Não me lembro	21	4,1	4,1	100,0
Total	512	100,0	100,0	

Tabela 13: O nível de avaliação dos alunos é indiferenciado para todos os grupos experimentais no que diz respeito a contrair uma doença transmissível grave na sua escola (Sig>0,05). i.e.; o nível de avaliação dos alunos é semelhante para os grupos experimentais (grupo masculino, grupo feminino, grupo de turma, grupo de escola e grupo total)

A automutilação não-suicida é um comportamento cada vez mais comum entre os jovens em idade escolar e ocorre com regularidade no ensino secundário e universitário. No entanto, é raro que as escolas tenham protocolos bem articulados para detetar, intervir e prevenir as lesões autoprovocadas. Embora seja provável que os protocolos e as práticas específicas variem consideravelmente de escola para escola, este relatório apresenta uma panorâmica das melhores práticas para detetar e responder às lesões autoprovocadas no ensino secundário.

Table 14

Qual é a sua opinião sobre as escadas e os corredores da sua escola?

	Frequência	Percentagem	Percentagem válida	Percentagem acumulada
Válido Muito bom	90	17,6	17,6	17,6
Bom	208	40,6	40,6	58,2
Não é mau	187	36,5	36,5	94,7
Mau	27	5,3	5,3	100,0
Total	512	100,0	100,0	

Tabela 14 O nível de avaliação dos alunos é indiferenciado para todos os grupos experimentais no que diz respeito à qualidade das escadas e dos corredores da sua escola (Sig>0,05). i.e.; o nível de avaliação dos alunos é semelhante para os grupos experimentais (grupo masculino, grupo feminino, grupo de turma, grupo de escola e grupo total)

%59 da largura das escadas das escolas é adequada às normas. 41% das larguras das escadas das escolas não são adequadas às normas. %86 da subida das escadas das escolas é adequada às normas. 14% da subida das escadas da escola não é adequada às normas. 82% das escadas da escola estão em conformidade com as normas. 18% das escadas das escolas não são adequadas às normas. 59% da plataforma das escadas da escola é adequada às normas. 41% da plataforma das escadas da escola não é adequada às normas. 69% do comprimento do corredor das escadas da escola está de acordo com as normas. 31% do comprimento do corredor das escadas das escolas não é adequado às normas. Apenas;

As zonas de circulação são talvez os espaços mais multifuncionais do edifício escolar.

O leque de actividades é vasto e a sua posição no edifício, muitas vezes com pouco acesso à luz do dia, requer apoio de iluminação artificial. Devido à presença variável de pessoas, os sensores podem ajudar a reduzir o consumo de energia.

Os longos corredores da escola são excelentes espaços para as crianças mais pequenas desenvolverem a sua visão. As crianças mais pequenas têm mais dificuldade em compreender as distâncias e os objectos tridimensionais. Uma mistura de iluminação direta e indireta no corredor pode ajudá-las a distinguir claramente os objectos. Os corredores criam linhas de navegação naturais, mas uma navegação segura também pode ser ajudada por linhas de orientação, contrastes de luminância, posição das luminárias e iluminação.

A luz nos rostos das pessoas é particularmente importante na área de circulação. Os alunos e os professores devem poder ver os rostos uns dos outros também fora da sala de aula. Isto pode ser conseguido adicionando luz ao teto e às faces verticais e mantendo uma iluminação cilíndrica de 150 lux e um efeito de modelação entre 0,3 e 0,6.

Para garantir uma navegação segura, é necessária uma luz brilhante, sem encandeamento e sem sombras fortes. As sombras fortes e longas podem ser mal interpretadas como degraus ou obstáculos por pessoas com deficiência visual. Uma boa forma de satisfazer as necessidades especiais é cumprir a norma EN 12464-1 e utilizar contrastes de luminância adequados, ou seja, cores diferentes para marcar a direção ou os degraus e as linhas de orientação.

Quadro 15

Qual é a sua opinião sobre a localização da sua escola? (Barulhento, Trânsito, Cheio de gente)			
	Percentagem de frequência	Percentagem válida	Percentagem acumulada
Válido Adequado	209	40,8	40,8	40,8

Não é mau	184	35,9	35,9	76,8
Muito ruidoso	71	13,9	13,9	90,6
Mau	48	9,4	9,4	100,0
Total	512	100,0	100,0	

Tabela 15 O nível de avaliação dos alunos é indiferenciado para todos os grupos experimentais no que diz respeito à localização das suas escolas para um ensino de qualidade (Sig>0,05). i.e.; o nível de avaliação dos alunos é semelhante para os grupos experimentais (grupo masculino, grupo feminino, grupo de turma, grupo de escola e grupo total)

Quadro 16

Qual é a sua opinião sobre as mesas e cadeiras da sua sala de aula? (Qualidade e ergonomia)

	Percentagem de frequência		Percentagem válida	Percentagem acumulada
VálidoMuito bom	100	19,5	19,5	19,5
Bom	186	36,3	36,3	55,9
Não é mau	122	23,8	23,8	79,7
Mau	104	20,3	20,3	100,0
Total	512	100,0	100,0	

Tabela 16: O nível de avaliação dos alunos é indiferenciado para todos os grupos experimentais em relação à qualidade das mesas e cadeiras na sua sala de aula (Sig>0,05). Ou seja, o nível de avaliação dos alunos é semelhante apenas para os grupos experimentais (grupo masculino, grupo feminino, grupo da turma, grupo da escola e grupo total);

O valor mínimo da altura dos alunos que participaram no grupo experimental é de 1,18 cm. A altura máxima é de 1,88 cm. A diferença é de 70 cm.

O valor mínimo do peso dos alunos que participaram no grupo experimental é de 18 kg. O peso máximo é de 95 kg. A diferença é de 77 kg.

As estruturas e equipamentos escolares são fabricados de acordo com a média normal de altura e peso dos alunos. Portanto, se os alunos tiverem altura e peso fora dos limites, de quem podem surgir problemas na postura dinâmica e estática como fisiológicos quando interagem com estes materiais nos próximos anos?

Os resultados da Estrutura Escolar para Medição e Avaliação (FSSME) foram analisados e interpretados. 40,10% das carteiras e cadeiras escolares são adequadas, mas 50,90% das carteiras e cadeiras escolares não são adequadas às normas internacionais e outras.

Esta investigação realizou um estudo transversal com 512 alunos de nove a dezoito anos de idade, com diferentes níveis de maturidade, para examinar o efeito de uma inadequação entre as dimensões do mobiliário escolar, o peso das mochilas escolares e as caraterísticas antropométricas dos alunos.

Verificaram que quase dois terços (341) dos estudantes estudados sofriam de dores nas costas e que grandes diferenças entre a altura da secretária e a altura do cotovelo estavam associadas a uma maior probabilidade de os adolescentes terem este problema.

As raparigas eram mais susceptíveis de sofrer da discrepância entre a altura da secretária e a dos rapazes; 45% das raparigas e 57% dos rapazes. "Os nossos resultados também mostraram que não havia associação entre o peso da mochila, o índice de massa corporal (IMC) e as dores nas costas", afirma a equipa.

"Estes resultados sublinham a importância de estudar o ambiente escolar para estabelecer programas de prevenção das dores de costas nos jovens", afirmam os investigadores. Os investigadores sublinham que o número de crianças e adolescentes em idade escolar que relatam episódios frequentes de dores nas costas e no pescoço e de dores de cabeça aumentou nas últimas décadas e que é agora reconhecido que as pessoas que sofrem durante a infância são susceptíveis de sofrer de dores nas costas também na idade adulta, a menos que o problema seja tratado adequadamente.

Os investigadores admitem que a dor nas costas é, naturalmente, um problema multifatorial que resulta da interação de diferentes factores de risco, como a idade, a história clínica familiar, lesões, sexo, estilo de vida, desporto, stress e ansiedade. No entanto, é provável que os factores ergonómicos, como as dimensões da secretária e da cadeira do estudante, também desempenhem um papel significativo. Isto é especialmente verdade porque os estudantes passam uma quantidade considerável de tempo sentados a uma secretária, com a atividade física e o desporto a serem reduzidos em muitos estabelecimentos de ensino, apesar da suposta tentativa atual de tornar todos mais activos. A Organização Mundial de Saúde recomenda pelo menos 60 minutos de atividade física moderada a vigorosa todos os dias.

"Estes resultados evidenciam a relevância do estudo do ambiente escolar para o estabelecimento de programas de prevenção da lombalgia em crianças e adolescentes, não só ao nível da saúde, mas também ao nível da educação escolar", afirma a equipa. "Estes resultados mostram a importância da promoção de estilos de vida saudáveis no que diz respeito à atividade física e a uma alimentação equilibrada."

Quadro 17

Vê facilmente o quadro e os escritos na sala de aula?

	Frequência	Percentagem	Percentagem Acumulada	válida Percentagem
Válido Muito Bom	168	32,8	32,8	32,8
Bom	203	39,6	39,6	72,5
Não é mau	97	18,9	18,9	91,4
Mau	44	8,6	8,6	100,0

Total   512   100,0   100,0

Tabela 17: O nível de avaliação dos alunos é indiferenciado para todos os grupos experimentais no que diz respeito à observação do quadro e dos escritos na sala de aula (Sig>0,05). Ou seja, O nível de avaliação dos alunos é semelhante para os grupos experimentais (grupo masculino, grupo feminino, grupo da turma, grupo da escola e grupo total)

Para garantir uma navegação segura, é necessária uma luz brilhante sem encandeamento e sombras fortes. As sombras fortes e longas podem ser mal interpretadas como degraus ou obstáculos por pessoas com deficiência visual. Uma boa forma de satisfazer as necessidades especiais é cumprir a norma EN 12464-1 e utilizar contrastes de luminância adequados, ou seja, cores diferentes para marcar a direção ou os degraus e as linhas de orientação.

Quadro 18

Qual é a sua opinião sobre a acústica e o traçado na sala de aula?

	Frequência	Percentagem	Percentagem válida	Percentagem acumulada
Válido Muito bom	120	23,4	23,4	23,4
Bom	193	37,7	37,7	61,1
Não é mau	132	25,8	25,8	86,9
Mau	67	13,1	13,1	100,0
Total	512	100,0	100,0	

Tabela 18 O nível de avaliação dos alunos é diferenciado para todos os grupos experimentais no que diz respeito à acústica e ao traçado na sua sala de aula (Sig>0,05), ou seja, o nível de avaliação dos alunos do sexo feminino é negativo em relação ao grupo masculino e aos outros grupos.

A ventilação deve ser efectuada de modo a limitar a concentração de dióxido de carbono em todos os espaços de ensino e aprendizagem. Quando medida à altura da cabeça do aluno sentado, durante o período contínuo entre o início e o fim das aulas, a concentração média de dióxido de carbono não deve exceder 1500 partes por milhão (ppm).

Existe uma forte relação entre a ventilação e a acústica, nomeadamente com a ventilação natural. Os sistemas de ventilação natural não geram ruído, mas permitem a entrada de ruído externo, por exemplo do tráfego, no edifício. Uma passagem prevista para o fluxo de ar de ventilação - quer interior quer exterior - torna-se também um caminho para o ruído. As normas de desempenho acústico agora exigidas para as escolas , conforme determinado pelos regulamentos de construção, exigem uma análise cuidadosa da interação entre a estratégia de ventilação e o desempenho acústico do edifício. A experiência demonstrou que algumas boas estratégias de ventilação natural não funcionaram na prática, devido à transmissão de sons indesejados.

Quadro 19

Qual é a sua opinião sobre o sistema de energia térmica da sala de aula?

	Frequência	Percentagem	Percentagem válida	Percentagem acumulada
Válido Muito bom	184	35,9	35,9	35,9
Bom	203	39,6	39,6	75,6
Não é mau	90	17,6	17,6	93,2
Mau	35	6,8	6,8	100,0
Total	512	100,0	100,0	

Tabela 19 O nível de avaliação dos alunos é indiferenciado para todos os grupos experimentais no que diz respeito ao sistema de energia térmica na sua sala de aula (Sig>0,05). i.e.; o nível de avaliação dos alunos é semelhante para os grupos experimentais (grupo masculino, grupo feminino, grupo da turma, grupo da escola e grupo total)

A sala de aula tem as dimensões de 7,7 m (largura) x 7 m (profundidade) x 3 m (altura), perfazendo 53,9 m² de área bruta de pavimento, e 161,7 m³ de volume, ocupada por 30 alunos, um professor. As áreas das janelas modeladas são de 20%, 40% e 60% da fachada, que tem uma área total de 23,1 m2.

No caso de as temperaturas não atingirem ou descerem abaixo do mínimo aceitável de 16 graus centígrados, o representante da escola deve ser informado. O representante deve verificar a temperatura do(s) compartimento(s) em causa e, se possível, averiguar a extensão do problema.

O representante da escola deve informar o diretor da escola da queixa, fornecendo informações pormenorizadas sobre a temperatura das salas em causa. Deverá ser providenciado um local de ensino alternativo com aquecimento adequado. Se tal não for possível, a direção deve ser informada e solicitada a fornecer meios alternativos de aquecimento. Se o problema for causado por uma avaria da instalação de aquecimento, o Conselho Regional deve também ser informado.

Se for evidente que as temperaturas mínimas aceitáveis não podem ser atingidas num espaço de tempo mais curto, o diretor deve ser convidado a pôr em prática o procedimento seguinte.

Tabela 20

Qual é a sua opinião sobre o sistema de ventilação na sala de aula?			
	Frequência	Percentagem Percentagem válida	Percentagem acumulada
Válido Muito bom	96	18,8	18,8	18,8
Bom	184	35,9	35,9	54,7
Não é mau	153	29,9	29,9	84,6
Mau	79	15,4	15,4	100,0
Total	512	100,0	100,0	

Table 20   O nível de avaliação dos alunos é indiferenciado para todos os grupos experimentais no que diz respeito ao sistema de ventilação na sua sala de aula

(Sig>0,05). Ou seja, o nível de avaliação dos alunos é semelhante para os grupos experimentais (grupo masculino, grupo feminino, grupo da turma, grupo da escola e grupo total)

Tradicionalmente, as escolas têm sido concebidas de modo a permitir a ventilação natural e uma boa iluminação natural. Isto resultou em escolas de planta estreita, dotadas de grandes áreas de janelas que podem ser abertas, oferecendo frequentemente ventilação cruzada combinada com ventilação de chaminé através de janelas de clerestório. Os estudos demonstraram que isto pode fornecer o nível necessário de ar fresco. No entanto, os ocupantes das salas de aula não são normalmente capazes de explorar todo o potencial da ventilação e aceitam um nível ligeiramente reduzido de qualidade do ar devido a problemas de funcionamento ou de correntes de ar.

A energia necessária para condicionar o ar exterior no inverno pode representar uma parte significativa da carga total de condicionamento do espaço, e cada vez mais à medida que o isolamento do tecido aumenta. As trocas de ar representam normalmente 20% a 50% da carga térmica de um edifício, e esta é uma das razões para limitar as taxas de troca de ar nas escolas ao mínimo exigido. Uma conceção eficiente do ponto de vista energético tem por objetivo proporcionar conforto térmico e uma qualidade do ar interior aceitável com um consumo mínimo de energia. No inverno, qualquer ar fresco acima do necessário para controlar a qualidade do ar interior representa uma penalização energética. Isto significa que é necessário refletir cuidadosamente sobre a conceção pormenorizada do sistema de ventilação.

A ventilação natural pode contribuir para um ambiente sustentável, reduzindo a energia eléctrica utilizada nos edifícios. A maioria dos edifícios com ventilação natural são de planta estreita, o que pode permitir uma maior utilização da luz do dia, reduzindo assim a procura de iluminação eléctrica, para além da redução das necessidades energéticas dos ventiladores e das instalações de tratamento de ar.

Quadro 21

Qual é a sua opinião sobre o "número de alunos por sala de aula"?

	Frequência	Percentagem	Percentagem válida	Percentagem acumulada
Válido Demasiado lotado	81	15,8	15,8	15,8
Lotado	125	24,4	24,4	40,2
Não é mau	147	28,7	28,7	68,9
Normal	159	31,1	31,1	100,0
Total	512	100,0	100,0	

Table 21   O nível de avaliação dos alunos é indiferenciado para todos os grupos experimentais no que diz respeito à população estudantil por sala de aula na sua escola (Sig>0,05). Ou seja, o nível de avaliação dos alunos é semelhante para os grupos experimentais (grupo masculino, grupo feminino, grupo de turma, grupo de escola e grupo total)

A sala de aula é um espaço para muitas actividades, como a leitura e a escrita, apresentações de alunos ou professores, representação, jogos, testes, etc. Nas escolas modernas, a disposição da sala de aula muda de acordo com a atividade e as necessidades. Uma sala de aula normal deve ter um mínimo de 49m2 para um máximo de 30 alunos.

Muitos pais de alunos de escolas públicas interrogam-se se as salas de aula sobrelotadas afectarão a capacidade de aprendizagem dos seus filhos, em especial no ensino básico. Embora não tenham sido efectuados muitos estudos sobre os efeitos das salas de aula sobrelotadas na capacidade de aprendizagem e de retenção das crianças, existem alguns indícios que sugerem que podem prejudicar o sucesso das crianças a alguns níveis.

O efeito sobre a capacidade de aprendizagem de uma criança em salas de aula sobrelotadas pode ser o resultado direto do impacto que a sobrelotação tem sobre o professor. Eis porquê:

Os professores em salas de aula sobrelotadas podem estar demasiado dispersos e não conseguir dar a cada aluno a atenção individual de que necessita.

S Se as crianças não receberem a atenção de que necessitam na sala de aula, podem ficar para trás. Isto pode afetar não só os resultados dos testes padronizados, mas também o gosto da criança pela escola e pela aprendizagem, preparando-a para o fracasso no futuro.

s Os professores em salas de aula sobrelotadas podem ficar mais stressados e sobrecarregados, sentindo que não têm tempo nem recursos para fazer realmente a diferença. Isto pode levar ao esgotamento dos professores.

ᴊOs professores podem dar por si a passar mais tempo a gerir a organização da sala de aula e o comportamento dos alunos do que a ensinar.

J O nível de ruído aumenta quanto maior for o número de alunos numa sala de aula, o que pode afetar a capacidade de aprendizagem ou de trabalho de alguns alunos.

√ Muitas vezes não há tecnologia e recursos suficientes para todos numa sala de aula sobrelotada.

J Pode ser mais difícil para o professor estabelecer uma ligação com cada aluno a um nível mais profundo.

Quadro 22

Durante as aulas, com que frequência se distrai?

	Frequência	Percentagem	Percentagem válida	Percentagem acumulada
Válido Sempre	35	6,8	6,8	6,8
Comumente	110	21,5	21,5	28,3
Por vezes	302	59,0	59,0	87,3
Nunca	65	12,7	12,7	100,0
Total	512	100,0	100,0	

Table 22   O nível de avaliação dos alunos é indiferenciado para todos os grupos

experimentais no que diz respeito à distractibilidade durante a aula na sua sala de aula (Sig>0,05). Ou seja, o nível de avaliação dos alunos é semelhante para os grupos experimentais (grupo masculino, grupo feminino, grupo da turma, grupo da escola e grupo total)

Uma criança com uma dificuldade de aprendizagem e/ou uma perturbação de défice de atenção pode manter uma sala de aula em constante agitação se nada for feito para contrariar os seus problemas de atenção, organização, tempo e aceitação social. Nestas áreas, o jovem não tem a capacidade de controlar e alterar o seu próprio comportamento. Os professores têm de lidar com estes problemas ajustando o seu ambiente. Uma gestão cuidadosa da sala de aula pode evitar que o aluno com DL/DDA se torne uma influência fortemente perturbadora.

Os alunos com dificuldades de aprendizagem e/ou perturbações de défice de atenção consideram que o zumbido normal da atividade da sala de aula é extremamente perturbador. Mesmo os sons mais pequenos e inevitáveis, como o virar das páginas, o arrastar dos pés e as conversas sussurradas, chamam a sua atenção e desviam a sua atenção dos trabalhos escolares.

Quadro 23

Qual é a sua opinião sobre os cuidados a ter com os alunos com deficiência na escola?

	Frequência	Percentagem	Percentagem válida	Percentagem acumulada
Válido Muito bom	83	16,2	16,2	16,2
Bom	114	22,3	22,3	38,5
Não é mau	137	26,8	26,8	65,2
Mau	178	34,8	34,8	100,0
Total	512	100,0	100,0	

Table 23 - O nível de avaliação dos alunos é diferente para todos os grupos experimentais no que diz respeito às precauções a tomar relativamente aos alunos com deficiência na sua escola (Sig>0,05). Ou seja, o nível de avaliação dos alunos do sexo feminino é negativo em relação ao grupo masculino e aos outros grupos.

Para criar uma sala de aula inclusiva onde todos os alunos são respeitados, é importante utilizar uma linguagem que dê prioridade ao aluno e não à sua deficiência. Os rótulos de deficiência podem ser estigmatizantes e perpetuar falsos estereótipos em que os alunos com deficiência não são tão capazes como os seus pares. Em geral, é adequado referir a deficiência apenas quando é pertinente para a situação. Por exemplo, é preferível dizer "O aluno que tem uma deficiência" em vez de "O aluno deficiente", porque isso coloca a importância no aluno e não no facto de o aluno ter uma deficiência.

Os alunos podem ter deficiências mais ou menos evidentes. Por exemplo, pode não saber que um aluno tem epilepsia ou uma perturbação de dor crónica, a menos que ele decida revelar ou que surja um incidente. Estas perturbações "ocultas" podem ser difíceis de revelar porque muitas pessoas assumem que os alunos são saudáveis porque "parecem estar bem". Em alguns casos, o aluno pode fazer um pedido ou uma ação aparentemente estranha que está relacionada com a deficiência. Por exemplo, se pedir aos alunos para arrumarem as carteiras, um aluno pode não ajudar porque tem uma rotura de ligamentos ou uma doença recorrente e remitente como a Esclerose Múltipla. Ou um aluno pode pedir para gravar as aulas porque tem dislexia e demora mais tempo a transcrever as aulas.

Quadro 24

Qual é o piso do jardim da escola?

	Frequência	Percentagem	Percentagem válida	Percentagem acumulada
Válido Asfalto	256	50,0	50,0	50,0
Betão	193	37,7	37,7	87,7
Caminho de areia	11	2,1	2,1	89,8

Outros	52	10,2	10,2	100,0
Total	512	100,0	100,0	

Table 24   O nível de avaliação dos alunos é indiferenciado para todos os grupos experimentais no que diz respeito ao piso da horta na sua escola (Sig>0,05). Ou seja, o nível de avaliação dos alunos é semelhante para os grupos experimentais (grupo masculino, grupo feminino, grupo de turma, grupo de escola e grupo total)

Os jovens estão cada vez mais isolados da terra e privados das alegrias e responsabilidades que esta lhes ensina.(Alice Waters) As hortas escolares são uma forma maravilhosa de utilizar o pátio da escola como sala de aula, de reaproximar os alunos do mundo natural e da verdadeira fonte dos seus alimentos e de lhes ensinar conceitos e competências valiosos de jardinagem e agricultura que se integram em várias disciplinas, como matemática, ciências, arte, saúde e educação física e estudos sociais, bem como em vários objectivos educativos, incluindo a responsabilidade pessoal e social.

Quadro 25

Que tipo pretendia?

		Frequência	Percentagem	Percentagem válida	Percentagem acumulada
Válido	Asfalto/betão	141	27,5	27,5	27,5
	Alcatifa	78	15,2	15,2	42,8
	Caminho de areia	23	4,5	4,5	47,3
	Relva	270	52,7	52,7	100,0
	Total	512	100,0	100,0	

Table 25   O nível de avaliação dos alunos é indiferenciado para todos os grupos experimentais no que diz respeito à escolha do piso da horta na sua escola (Sig>0,05). Ou seja, o nível de avaliação dos alunos é semelhante para os grupos experimentais (grupo masculino, grupo feminino, grupo da turma, grupo da escola e grupo total)

Uma horta escolar requer o envolvimento intelectual, emocional e social de uma criança com coisas que devem ser medidas, contadas, pesadas, organizadas, planeadas e cuidadas. Pode produzir resultados gratificantes e muitas vezes surpreendentes para si e para os seus alunos.

Quadro 26

Qual é a sua opinião sobre o facto de ser estudante na sua escola?

	Frequência	Percentagem	Percentagem válida	Percentagem acumulada
Válido Muito bom	204	39,8	39,8	39,8
Bom	174	34,0	34,0	73,8
Não é mau	94	18,4	18,4	92,2
Mau	40	7,8	7,8	100,0
Total	512	100,0	100,0	

Tabela- 26 O nível de avaliação dos alunos é indiferenciado para todos os grupos experimentais no que diz respeito à análise da satisfação com a sua escola (Sig>0,05). i.e.; o nível de avaliação dos alunos é semelhante para os grupos experimentais (grupo masculino, grupo feminino, grupo de turma, grupo de escola e grupo total)

Daniel T. Willingham é professor de psicologia na Universidade da Virgínia. Publicou um livro intitulado "Porque é que os alunos não gostam da escola? A Cognitive Scientist Answers Questions about How the Mind Works and What It Means for the Classroom" (Um cientista cognitivo responde a perguntas sobre o funcionamento da mente e o que isso significa para a sala de aula) em 2009. Daniel T. Willingham tem recebido críticas elogiosas de inúmeras pessoas envolvidas no sistema escolar.

Porque é que os alunos não gostam da escola? As crianças não gostam da escola porque adoram a liberdade. (Peter Gray Pd. D.)

"Foi em casa que aprendi o pouco que sei. As escolas sempre me pareceram uma prisão, e nunca me decidi a ficar lá, nem mesmo quatro horas por dia, quando o sol era convidativo, o mar suave, e quando era uma alegria correr pelas falésias ao ar livre, ou remar na água." - Claude Monet

Cada nova geração de pais e cada novo grupo de professores novos e ansiosos ouve ou lê sobre uma "nova teoria" ou "novas descobertas" da psicologia que, finalmente, tornarão as escolas mais divertidas e melhorarão a aprendizagem. Mas nada disso funcionou. E nada disso funcionará até que as pessoas encarem a verdade: as crianças odeiam a escola porque na escola não são livres. Uma aprendizagem alegre requer liberdade. (Peter Gray Pd. D.)

Porque é que os alunos não gostam da escola? A resposta a este problema;

- É diferente para cada país do mundo.

- É diferente para cada cidade do país.

- É diferente para cada cidade.

- É diferente para cada escola da cidade.

- É diferente para cada sala de aula na escola.

- É diferente para cada aluno na sala de aula.

Se a criança não quer ir para a escola, é porque não gosta da escola. As razões para não gostar da escola são as seguintes

Desnecessário e absurdo: Se os pais não souberem ensinar sobre a educação e as vantagens da educação e o que ela traz de bom para os seus filhos, não podem supor. A escola não é apenas o futuro, a criança deve ser obrigada a educar-se e a ir à escola.

Estar aborrecido: Aborrecer-se com a escola é um problema muito importante para a educação. Os pais devem estudar com a criança em casa para resolver o problema.

Excesso de esforço e insónias: A NSF comprometeu-se a rever regularmente e a fornecer recomendações cientificamente rigorosas", afirma Max Hirshkowitz, PhD, Presidente do Conselho Consultivo Científico da National Sleep Foundation. "O público pode estar confiante de que estas recomendações representam a melhor orientação para a duração do sono e a saúde."

• Crianças em idade escolar (6-13): O intervalo de sono foi alargado em uma hora para 9-11 horas (anteriormente era de 10-11)

• Adolescentes (14-17): O intervalo de sono aumentou uma hora para 8-10 horas (anteriormente era de 8,5-9,5)

• Jovens adultos (18-25): O intervalo de sono é de 7-9 horas (nova categoria etária)

<u>Dar especial importância à</u> escola e <u>ao</u> medo: Se a criança tiver um dia difícil na escola, os pais devem investigar profundamente o caso. Eles vêem-nos através deles.

Escolha correta da escola: A escolha correta da escola é muito importante para a criança. Uma criança não deve gostar da escola, virulentamente. Então, os pais devem transferi-la para outra escola. Os pais devem conhecer bem os professores e os amigos dos filhos. Devem acompanhar de perto a relação com a escola.

A escola nunca vai acabar: Se os professores derem aos alunos demasiados trabalhos de casa, as crianças pensadoras como a escola nunca vão acabar. Um dos principais factores é o facto de os currículos levarem as crianças a odiar a escola. Antigos currículos, aprendizagem mecânica, aulas aborrecidas, as crianças são alienadas da escola. As crianças têm de aprender muito na escola e cada vez mais jovens a isso. Há muito pouco tempo para compreender a lógica do curso que tentam aprender e isso obriga-as a memorizar as lições. Na verdade, as crianças divertem-se com as lições a serem aprendidas, o que se está a tornar uma tortura.

Sentir-se só: As crianças podem fazer com que se sintam sozinhas nas escolas aborrecidas. As famílias devem perguntar o que é que as crianças fazem na escola;

devem sempre ocupar-se dele, sabendo que o próximo fará com que eles adorem a escola.

Sistema de classificação: Cada criança não tem a mesma capacidade em matéria de educação. O sistema de castigos e recompensas, que está ligado apenas à nota, faz com que os alunos se sintam sob grande pressão. As crianças, os alunos de grau superior, acham-se mais amados pelo ambiente. Neste caso, os alunos entram num complexo, provocando um aumento da aversão à escola todos os dias.

Restrições: As restrições na escola desempenham um papel importante na escola do ódio. As crianças têm uma imaginação ruidosa e hiperactiva. Estão a perder a sua criatividade na escola por causa das regras da escola. As regras da escola assustam ou castigam os alunos. Neste caso, a criatividade é reduzida.

Problemas de capacidade de deteção: Alguns alunos são diferentes dos outros. Não conseguem seguir exatamente os acontecimentos na sala de aula. As razões para tal são a falta de coordenação entre as mãos e os olhos, a falta de concentração, a ausência de perceção e outros problemas. Estas crianças afastam-se da escola quando não conseguem brincar com as outras crianças.

Anti-socialidade: Há crianças que têm medo da multidão. Não socializam com outras crianças, não adquirem amigos facilmente, fogem das pessoas. A escola é um pesadelo para essas crianças.

O papel dos professores: Uma criança vê um professor na escola mais do que na família. Se uma criança não gosta dos professores, também não gosta da escola. Nestas circunstâncias, os professores têm grandes responsabilidades. Os professores devem lidar com cada criança individualmente, devem apresentar soluções diferentes para o problema e devem estar satisfeitos com cada criança.

Os rufias: Algumas crianças não sabem como se comportar no ambiente escolar. Estes são agressivos e corpulentos. Por isso, gostam de atormentar os colegas. Os alunos oprimidos estão a sucumbir ao medo destes tormentos. Não querem vir para a escola.

O ódio à escola começa nos primeiros anos e pode atingir uma dimensão muito mais grave numa fase posterior da vida. A razão deste comportamento são os pais.

Devem ser bem analisados, devem estabelecer um diálogo com os seus filhos como um amigo. Os pais devem ser enunciativos das vantagens da escola, devem proporcionar-lhes a ida à escola com prazer.

Tabela 27

Qual é o fator mais importante para o sucesso				
	Percentagem frequência	de Percentagem válida	Percentagem acumulada	
Válido Estrutura	26	5,1	5,1	5,1
Professores	286	55,9	55,9	60,9
Pais	110	21,5	21,5	82,4
Amigos	90	17,6	17,6	100,0
Total	512	100,0	100,0	

Tabela - 27 O nível de avaliação dos alunos é diferenciado para todos os grupos experimentais no que diz respeito ao fator mais importante para o sucesso escolar (Sig>0,05), ou seja, o nível de avaliação dos alunos não é semelhante para os grupos experimentais (grupo masculino, grupo feminino, grupo de turma, grupo de escola e grupo total)

Sucesso dos alunos das escolas primárias; 12% dos alunos afirmaram que a estrutura da escola é importante para o sucesso. 56,5% dos alunos afirmaram que os professores são importantes para o sucesso. 19,4% dos alunos disseram que os pais são importantes para o sucesso. 12% dos alunos afirmaram que os amigos são importantes para o sucesso.

Sucesso para os alunos do ensino secundário; 1% dos alunos disseram que a estrutura da escola é importante para o sucesso. 68% dos alunos afirmaram que os professores são importantes para o sucesso. 21,3% dos alunos disseram que os pais são importantes para o sucesso. 9,6% dos alunos responderam que os amigos são importantes para o sucesso.

Sucesso dos alunos do ensino secundário; 5,3% dos alunos afirmaram que a estrutura da escola é importante para o sucesso. 44% dos alunos afirmaram que os professores são importantes para o sucesso. 22,7% dos alunos disseram que os pais são importantes para o sucesso. 28% dos alunos responderam que os amigos são importantes para o sucesso.

Sucesso para os alunos de todas as escolas; 5,1% dos alunos afirmaram que a estrutura da escola é importante para o sucesso. 55,9% dos alunos afirmaram que os professores são importantes para o sucesso. 21,5% dos alunos disseram que os pais são importantes para o sucesso. 17,6% dos alunos disseram que os amigos são importantes para o sucesso.

O nível de avaliação dos alunos é significativamente diferenciado para todos os grupos experimentais. A família e a escola são muito importantes na infância. A reputação dos factores amigos e família aumenta com o aumento da idade. O fator professor é o fator mais importante em todos os grupos experimentais, o que está errado. Coloquialmente, o professor é o fator mais importante para o sucesso. Da mesma forma, os resultados desta investigação são idênticos aos da sabedoria convencional. De acordo com os artigos científicos, não é possível obter sucesso apenas com um fator. Todos os factores na educação, sejam eles gestores, PDR, inspectores, oficiais, funcionários, pais, alunos, motoristas de autocarros escolares, trabalhadores de cantinas, etc., são factores importantes para o sucesso, tal como os professores.

Tabela 28

Como é que vem para a sua escola?			Válido	Acumulado
	Frequência	Percentagem	Percentagem	Percentagem
Válido Com o autocarro escolar	133	26,0	26,0	26,0
Andar a pé	254	49,6	49,6	75,6
Autocarro/Táxi	44	8,6	8,6	84,2
Com os meus pais	81	15,8	15,8	100,0
Total	512	100,0	100,0	

Tabela 28- O nível de avaliação dos alunos é indiferenciado para todos os grupos experimentais no que diz respeito à transferência de um carro para a sua escola (Sig>0,05). i.e.; o nível de avaliação dos alunos é semelhante para os grupos experimentais (grupo masculino, grupo feminino, grupo de turma, grupo de escola e grupo total)

A casa de alguns alunos fica a 40 km da escola. 6 dias por semana, vêm de manhã e regressam ao fim da tarde. Isto obriga a uma deslocação mínima de 2 horas por dia.

Os resultados do inquérito sobre a utilização do tempo num dia de semana médio para estudantes do ensino secundário, universitário e superior a tempo inteiro são apresentados abaixo pelo governo dos EUA.

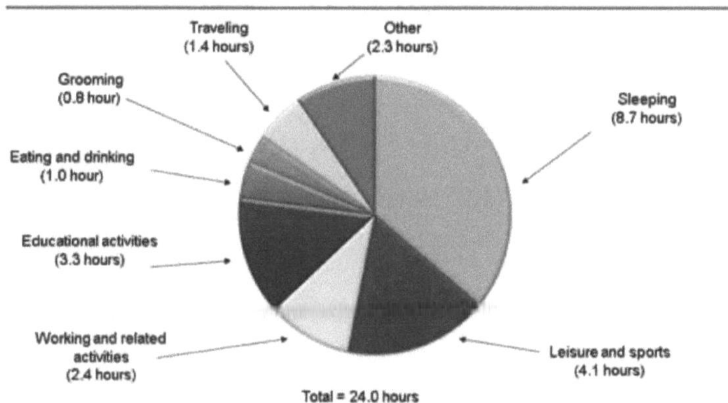

Quadro 29

Com que frequência tem aulas no laboratório de ciências?

	Frequência	Percentagem	Percentagem válida	Percentagem acumulada
Válido Sempre	18	3,5	3,5	3,5
Normalmente	40	7,8	7,8	11,3
Em algum momento	214	41,8	41,8	53,1
Nunca	240	46,9	46,9	100,0
Total	512	100,0	100,0	

Tabela 29- O nível de avaliação dos alunos é indiferenciado para todos os grupos experimentais em relação ao leque que estuda o laboratório de ciências das suas escolas (Sig>0,05). i.e.; o nível de avaliação dos alunos é semelhante entre si para os grupos experimentais (grupo masculino, grupo feminino, grupo de turma, grupo de escola e grupo total)

Praticamente todas as escolas têm laboratórios de ciências. No entanto, metade dos alunos não utiliza os laboratórios de ciências nas suas aulas. Até mesmo, nunca entram nos laboratórios. 10% dos alunos beneficiam sempre e habitualmente dos laboratórios.

Tabela 30

Qual é a sua opinião sobre o laboratório de ciências?

	Frequência	Percentagem	Percentagem válida	Percentagem acumulada
Válido Muito bom	92	18,0	18,0	18,0
Bom	126	24,6	24,6	42,6
Não é mau	186	36,3	36,3	78,9
Mau	108	21,1	21,1	100,0
Total	512	100,0	100,0	

Tabela 30- O nível de avaliação dos alunos é indiferenciado para todos os grupos experimentais na análise significativa da satisfação com o laboratório de ciências das suas escolas (Sig>0,05). i.e.; o nível de avaliação dos alunos é semelhante para os grupos experimentais (grupo masculino, grupo feminino, grupo de turma, grupo de escola e grupo total)

Quadro 31

Com que frequência joga no centro desportivo da escola?

	Frequência	Percentagem	Percentagem válida	Percentagem acumulada
Válido Sempre	60	11,7	11,7	11,7
Normalmente	74	14,5	14,5	26,2
Em algum momento	123	24,0	24,0	50,2

Nunca	255	49,8	49,8	100,0
Total	512	100,0	100,0	

Table 31- O nível de avaliação dos alunos é diferente para todos os grupos experimentais na análise significativa da satisfação com o centro desportivo das suas escolas (Sig>0,01). Ou seja, o nível de avaliação dos alunos não é semelhante entre os grupos experimentais (grupo masculino, grupo feminino, grupo da turma, grupo da escola e grupo total).

Quadro 32

Qual é a sua opinião sobre o centro desportivo da sua escola?

	Frequência	Percentagem	Percentagem válida	Percentagem acumulada
Válido Muito bom	60	11,7	11,7	11,7
Bom	92	18,0	18,0	29,7
Não é mau	132	25,8	25,8	55,5
Mau	228	44,5	44,5	100,0
Total	512	100,0	100,0	

Table 32- O nível de avaliação dos alunos é indiferenciado para todos os grupos experimentais no que diz respeito à análise da satisfação com o centro desportivo da sua escola (Sig>0,01). Ou seja, o nível de avaliação dos alunos é semelhante para os grupos experimentais (grupo masculino, grupo feminino, grupo da turma, grupo da escola e grupo total)

Quadro 33

Qual é a sua opinião sobre os pavilhões de actividades na sua escola?

	Frequência	Percentagem	Percentagem válida	Percentagem acumulada
Válido Muito bom	161	31,4	31,4	31,4

Bom	76	14,8	14,8	46,3
Não é mau	138	27,0	27,0	73,2
Mau	137	26,8	26,8	100,0
Total	512	100,0	100,0	

Table 33-		O nível de avaliação dos alunos é indiferenciado para todos os grupos experimentais no que diz respeito à análise da satisfação com as salas de actividades das suas escolas (Sig>0,01). Ou seja, o nível de avaliação dos alunos é semelhante para os grupos experimentais (grupo masculino, grupo feminino, grupo de turma, grupo de escola e grupo total)

Quadro 34

Qual é o melhor método para uma aprendizagem fácil e rápida?

		Frequência	Percentagem	Percentagem válida	Percentagem acumulada
Válido	Memorização	67	13,1	13,1	13,1
	Exercícios	202	39,5	39,5	52,5
	Visual	109	21,3	21,3	73,8
	Ouvir as palestras	134	26,2	26,2	100,0
	Total	512	100,0	100,0	

Table 34-		O nível de avaliação dos alunos é diferenciado para todos os grupos experimentais no que diz respeito ao melhor método para uma aprendizagem fácil e rápida nas suas escolas (Sig>0,01). i.e.; o nível de avaliação dos alunos não é semelhante entre os grupos experimentais (grupo masculino, grupo feminino, grupo de turma, grupo de escola e grupo total)

Melhor método de aprendizagem para os alunos do ensino primário; 18,5% dos alunos disseram que o fator importante é a memorização para uma aprendizagem fácil e rápida. 21,3% dos alunos disseram que o fator importante é a realização de exercícios para uma aprendizagem fácil e rápida. 20,4% dos alunos disseram que o fator importante é a visualização para uma aprendizagem fácil e rápida. 39,8% dos alunos disseram que o fator importante é ouvir as aulas para uma aprendizagem fácil e rápida.

Melhor método de aprendizagem para os alunos do ensino secundário; 15,2% dos alunos disseram que o fator importante é a memorização para uma aprendizagem fácil e rápida. 35% dos alunos responderam que o fator importante são os exercícios para uma aprendizagem fácil e rápida. 20,8% dos alunos responderam que o fator importante é o visual para uma aprendizagem fácil e rápida. 28,9% dos alunos disseram que o fator importante é ouvir as aulas para uma aprendizagem fácil e rápida.

Melhor método de aprendizagem para os alunos do ensino secundário; 8,2% dos alunos disseram que o fator importante é a memorização para uma aprendizagem fácil e rápida. 53,1% dos alunos responderam que o fator importante são os exercícios para uma aprendizagem fácil e rápida. 22,2% dos alunos disseram que o fator importante é a visualização para uma aprendizagem fácil e rápida. 16,4% dos alunos disseram que o fator importante é ouvir as aulas para uma aprendizagem fácil e rápida.

Melhor método de aprendizagem para todos os alunos da escola; 13,1% dos alunos disseram que o fator importante é a memorização para uma aprendizagem fácil e rápida. 39,5% dos alunos responderam que o fator mais importante são os exercícios para uma aprendizagem fácil e rápida. 21,3% dos alunos disseram que o fator importante é a visualização para uma aprendizagem fácil e rápida. 26,2% dos alunos disseram que o fator importante é ouvir as aulas para uma aprendizagem fácil e rápida.

Consequentemente, os graus dos factores memorização e audição de aulas diminuem com o aumento da idade e o grau do fator exercício aumenta com o aumento da idade.

Table 35

O que faz no seu tempo livre?			
	Percentagem de frequência	Percentagem válida	Percentagem acumulada

	Frequência	Percentagem	Percentagem válida	Percentagem acumulada
Válido Computador	132	25,8	25,8	25,8
Televisão	103	20,1	20,1	45,9
Leitura	146	28,5	28,5	74,4
Desporto	131	25,6	25,6	100,0
Total	512	100,0	100,0	

Tabela 35- O nível de avaliação dos alunos é diferenciado para todos os grupos experimentais no que diz respeito aos passatempos depois da escola e aos estudos (Sig>0,01). i.e.; o nível de avaliação dos alunos é semelhante para os grupos experimentais (grupo masculino, grupo feminino, grupo da turma, grupo da escola e grupo total)

Passatempos para os alunos do ensino primário: 47,2% dos alunos referiram a leitura. Esta atividade é de 24,7% para os alunos do ensino secundário. 19,8% dos alunos referiram a leitura para os alunos do ensino secundário. Por outro lado, 31,4% dos alunos do ensino básico passam o tempo livre a ver televisão ou a utilizar o computador. 42,6% dos alunos do ensino secundário estão a lavar/jogar televisão e computador nos tempos livres. Esta taxa é de 56,5% para os alunos do ensino secundário.

Assim, a idade dos alunos está a diminuir à medida que envelhecem e a sua interação com a tecnologia está a aumentar.

Table 36

Existe uma sala para cada professor na vossa escola?

	Frequência	Percentagem	Percentagem válida	Percentagem acumulada
Válido Não	436	85,2	85,2	85,2
Sim	76	14,8	14,8	100,0
Total	512	100,0	100,0	

Tabela 36- O nível de avaliação dos alunos é diferenciado para todos os grupos experimentais de forma significativa em relação a uma sala para cada professor nas suas escolas (Sig>0,01). i.e.; O nível de avaliação dos alunos é semelhante entre si para grupos experimentais (grupo masculino, grupo feminino, grupo turma, grupo escola e grupo total)

Não há lugar para todos os professores nas escolas públicas. Neste caso, 14,8% da consciência dos alunos não é desenvolvida. Os alunos vivem nas estruturas escolares durante 9 horas por dia. No entanto, estão desinteressados do diagnóstico e desistem. Alguns alunos não são felizes na escola. É por isso que vêm para a escola baralhados e tensos.

Tabela 37

Existe espaço para o diálogo (entre alunos-professores-pais) na sua escola?

	Frequência	Percentagem	Percentagem válida	Percentagem acumulada
Válido Não	313	61,1	61,1	61,1
Sim	199	38,9	38,9	100,0
Total	512	100,0	100,0	

Table 37- O nível de avaliação dos alunos é diferente para todos os grupos experimentais no que diz respeito à existência de uma sala de diálogo nas suas escolas (Sig>0,01). Ou seja, o nível de avaliação dos alunos é semelhante para os grupos experimentais (grupo masculino , grupos femininos, grupo de turma, grupo de escola e grupo total)

Nas escolas públicas, não há espaço para o diálogo entre alunos, professores e pais. Neste caso, 40% da consciência dos alunos não é desenvolvida. Os alunos vivem nas estruturas escolares durante 9 horas por dia. No entanto, estão desinteressados do diagnóstico e fazem perseguições. Alguns alunos não são felizes na escola. É por isso que vêm para a escola baralhados e tensos.

Tabela 38

Existe uma sala para conferências, teatro e congressos na vossa escola?

	Frequência	Percentagem	Percentagem válida	Percentagem acumulada
Válido Não	183	35,7	35,7	35,7
Sim	329	64,3	64,3	100,0
Total	512	100,0	100,0	

Table 38- O nível de avaliação dos alunos é indiferenciado para todos os grupos experimentais no que diz respeito à sala de conferências, ao teatro e ao congresso das suas escolas (Sig>0,01). Ou seja, o nível de avaliação dos alunos é semelhante para os grupos experimentais (grupo masculino, grupo feminino, grupo de turma, grupo de escola e grupo total)

Tabela 39

Qual é a sua opinião sobre as mesas e cadeiras na cantina da escola?

	Frequência	Percentagem	Válida Percentagem	Percentagem acumulada
Válido Muito bom	80	15,6	15,6	15,6
Bom	137	26,8	26,8	42,4
Não é mau	162	31,6	31,6	74,0
Mau	133	26,0	26,0	100,0
Total	512	100,0	100,0	

Table 39- O nível de avaliação dos alunos é diferente para todos os grupos experimentais no que diz respeito às mesas e cadeiras na cantina da escola (Sig>0,01). Ou seja, o nível de avaliação dos alunos é semelhante para os grupos experimentais (grupo masculino, grupo feminino, grupo da turma, grupo da escola e grupo total)

Tabela 40

Existe uma norma internacional para as escolas e os materiais?

	Frequência	Percentagem	Percentagem válida	Percentagem acumulada
Válido Talvez	44	8,6	8,6	8,6
Não	64	12,5	12,5	21,1
Não sei	365	71,3	71,3	92,4
Sim	39	7,6	7,6	100,0
Total	512	100,0	100,0	

Table 40-   O nível de avaliação dos alunos é diferenciado para todos os grupos experimentais no que diz respeito às normas internacionais para escolas e materiais (Sig>0,01), ou seja, o nível de avaliação dos alunos é semelhante para os grupos experimentais (grupo masculino, grupo feminino, grupo turma, grupo escola e grupo total)

Não existem normas actuais para os edifícios e materiais das escolas públicas na Turquia. Neste caso, 7,6% dos alunos não estão conscientes do desenvolvimento.

Tabela 41

As estruturas e os materiais escolares são factores importantes para o crescimento dos alunos?

	Frequência	Percentagem	Percentagem válida	Percentagem acumulada
Válido Talvez	93	18,2	18,2	18,2
Não	73	14,3	14,3	32,4
Não sei	172	33,6	33,6	66,0
Sim	174	34,0	34,0	100,0
Total	512	100,0	100,0	

Tabela 41- O nível de avaliação dos alunos é indiferenciado para todos os grupos experimentais no que diz respeito ao fator de crescimento dos alunos relativamente às estruturas e materiais escolares (Sig>0,01). i.e.; o nível de avaliação dos alunos é semelhante para os grupos experimentais (grupo masculino, grupo feminino, grupo de turma, grupo de escola e grupo total)

Análises ou RULA (Rapid Upper Limp Assessment)

Tabela 42

Tem um problema músculo-esquelético?			Percentagem	Percentagem
	Frequência	Percentagem	válida	acumulada
Válido Sim	152	29,7	29,7	29,7
Não	360	70,3	70,3	100,0
Total	512	100,0	100,0	

Tabela 42- O nível de avaliação dos alunos é indiferenciado para os grupos experimentais no que diz respeito aos problemas músculo-esqueléticos (Sig>0,05). i.e.; 30% dos alunos têm problemas músculo-esqueléticos e 70% dos alunos não têm problemas em todos os grupos experimentais. (Grupo masculino, grupo feminino, grupo de turma, grupo escolar e grupo total)

O grupo experimental que está a dar uma resposta positiva à [45ª] pergunta será analisado no formulário de inquérito. As formas fisiológicas dos alunos traumatizados estão fora dos valores de referência, como a altura e o peso.

Tabela 43

Que parte do teu corpo te dói depois da escola?				
	Frequência	Percentagem	Percentagem válida	Percentagem acumulada
Válido Cintura	40	26,3	26,3	26,3
Pescoço	23	15,1	15,1	41,4
Ombro	22	14,5	14,5	55,9

Voltar	15	9,9	9,9	65,8
Perna	10	6,6	6,6	72,4
Joelho	9	5,9	5,9	78,3
Anca	9	5,9	5,9	84,2
Braço	9	5,9	5,9	90,1
Cotovelo	3	2,0	2,0	92,1
Mão	4	2,6	2,6	94,7
Pé	6	3,9	3,9	98,7
Outros	2	1,3	1,3	100,0
Total	152	100,0	100,0	

No quadro 43 são apresentados os problemas traumáticos dos alunos.

As pontuações RULA (Rapid Upper Limp Assessment) dos alunos que se situam fora dos valores de referência aceites para a sua altura e peso são de 5 unidades. As pontuações RULA (Rapid Upper Limp Assessment) dos alunos que têm valores de referência normalmente aceites são de 3 unidades. De acordo com os resultados, os estudantes trabalham com um risco elevado de lesão numa má postura, se tiverem o corpo fora dos valores de referência. Há um certo risco para os outros alunos que trabalham em postura. Na análise postural estática, a cifose e a taxa de inclinação anterior do pescoço são elevadas, devido ao facto de os alunos estarem sentados durante muito tempo à secretária, à falta de cuidado com a postura na ordem de trabalho e ao facto de a mesa, a secretária e as cadeiras da escola não serem ergonómicas.

Coisas mais mencionadas nos comentários Parte

-Se uma escola tem diferentes áreas, como desporto, música, arte, os professores dessa escola estão a discriminar.

-As cantinas são pequenas e o preço das cantinas é muito elevado. Os preços têm de ser controlados.

- Se a estrutura de uma escola for antiga, as caraterísticas estruturais dessa escola não estão de acordo com as normas do MEB, devido aos corredores, escadas, área das salas de aula, altura do telhado, área fechada, etc.

- Se a estrutura de uma escola foi construída antes de 2006, a altura do telhado dessa escola é tão baixa que a escola tem problemas de iluminação e que as escolas estão a iluminar permanentemente.

- As casas de banho estão sujas e não têm sabão, toalhas de papel e papel higiénico. E as limpezas das casas de banho não são regulares.

- As estudantes do sexo feminino não utilizam suficientemente os espaços desportivos.

- A rede de distribuição de água é antiga e problemática. É necessária uma reparação.

- Os espaços desportivos são inadequados. É necessário reparar e modernizar.

- As infra-estruturas tecnológicas das escolas devem ser melhores do que atualmente.

- Se uma escola se situa perto das estradas principais, os ruídos dos veículos são um grande problema nessas escolas.

- Algumas das estruturas destas escolas não estão a ser aquecidas, pelo que as aulas, que se encontram nos pisos superiores, são frias.

- Os telhados dos espaços desportivos de algumas dessas escolas têm problemas, especialmente em dias de chuva, como a extração, pelo que os pavimentos dos espaços desportivos são maus.

- As carteiras escolares não são ergonómicas e muitas delas estão fracturadas, frouxas e desordenadas, pelo que alguns alunos têm dores de costas.

- As hortas escolares não dispõem de bancos, cadeiras, etc. suficientes.

- As cores das pinturas murais das salas de aula são baças e monótonas. A pintura das paredes das salas de aula é muito má, pelo que os alunos querem que a pintura das paredes seja alterada.

-	Os pavimentos são muito maus e têm problemas, pelo que os alunos querem alterações nos pavimentos.

-	A iluminação das estruturas é muito má e a iluminação das estruturas tem problemas, pelo que os alunos querem alterações à iluminação.

-	Os refeitórios não são suficientemente bons, pelo que os estudantes têm de esperar muito tempo nas filas de espera.

-	Nos dias nublados, as estruturas são tão escuras como a noite. Por isso, os alunos são pessimistas nesses dias.

RESULTADOS

A função do telhado é proteger o edifício escolar da chuva, do sol e do vento. Uma das funções do telhado é impedir a entrada de água no edifício escolar. É uma parte essencial do sistema de impermeabilização do edifício escolar; por isso, o telhado deve ser mantido em bom estado. Num telhado inclinado, os ventos fortes podem arrancar as telhas ou as chapas do telhado. Isto está diretamente relacionado com o grau de fixação destas peças e com o facto de estarem ou não corroídas. A cumeeira deve ser solidamente fixada à chapa do telhado para que não possa ser arrancada pelo vento. Nas coberturas planas, a água da chuva pode ficar retida, penetrando progressivamente no edifício escolar. É necessário um revestimento final para proteger do sol, do vento e da chuva. Com o passar do tempo, as coberturas planas perdem a sua cobertura protetora à medida que são expostas ao sol, à chuva e ao vento. É assim que começam as fugas. Os telhados planos também são susceptíveis de acumular água quando o sistema de drenagem está bloqueado. A água retida pode acelerar a deterioração do revestimento protetor e pode entrar no edifício escolar. Se houver água parada num telhado plano no dia seguinte a uma chuva, é uma forte indicação de que o telhado está a ter um problema grave de drenagem.

A maioria dos edifícios escolares mais recentes tem exteriores planeados para não necessitarem de manutenção. Um edifício escolar mais recente pode ter paredes de blocos de betão ou de tijolo, com brises e blocos de moda em algumas paredes. Mas alguns edifícios escolares podem não ser novos e o exterior pode não ser tão isento de manutenção. Mesmo que seja novo, o exterior do edifício escolar necessitará de um programa de manutenção periódica para proteger os materiais. As especificidades do programa dependerão dos materiais utilizados e do seu estado atual. As maiores ameaças ao exterior do edifício escolar são a água, o vento, o sol e, nas zonas próximas da costa, o salitre.

Felizmente, os problemas com os sistemas de canalização não acontecem com frequência, mas quando acontecem, geralmente os problemas são fugas, que devem ser tratadas imediatamente. Os danos na escola podem ser tão graves como a água da chuva; de facto, as fugas na canalização podem muitas vezes ser um problema maior. Se o sistema de água estiver sob pressão, uma rutura no sistema de água fará com que a água continue a jorrar para o recinto da escola. A maior parte da canalização está fora da vista, atrás das paredes e debaixo do chão, por isso, normalmente, não se consegue ver as fugas quando elas ocorrem até se manifestarem noutro local.

Um dos maiores problemas é uma rutura no tubo de entrada do serviço de água. Pode manifestar-se como uma fuga lenta e gotejante, ou pode ser dramática, pode explodir como um géiser e remover uma parte do solo. O problema começa normalmente na ligação com a fonte ou no ponto em que o tubo atravessa a escola. Quais são as causas destes problemas? Uma das causas é o assentamento ou qualquer outro tipo de movimento no solo. O solo pode deslocar-se e permitir que a vala se mova, mas o tubo não se move, uma vez que está ancorado em ambas as extremidades; é criada uma grande tensão de rutura e o tubo cede. Quer se trate de uma fuga lenta ou de um rebentamento dramático, este tipo de problema requer a escavação da vala, na qual se encontra o tubo de entrada de serviço, quer seja uma parte ou toda a vala. Quando o problema é encontrado, o tubo pode ser reparado ou, em certas circunstâncias, pode ser substituído em todo o seu comprimento, desde a sua origem até ao edifício escolar.

Os objectivos da "Structure of School" consistem em maximizar o acesso às instalações sanitárias dos alunos durante o dia para promover a saúde, o bem-estar e as oportunidades de aprendizagem de todos os alunos. A estrutura deve fornecer instalações sanitárias de boa qualidade em toda a escola.

Os objectivos da "Estrutura da Escola" consistem em garantir que as instalações sanitárias e os lavabos sejam adequados ao leque de utilizadores previstos, incluindo os alunos com deficiência e necessidades especiais, com iluminação, equipamento e acessórios adequados.

O problema é que as casas de banho das escolas podem não estar no topo da lista do orçamento e das prioridades de melhoria de uma escola. No entanto, o estado das casas de banho da escola é frequentemente a questão que mais preocupa os alunos. Uma política escrita sobre as casas de banho da escola constitui uma forte indicação para os alunos e para os pais/encarregados de educação de que a escola valoriza e respeita a saúde, a segurança e o bem-estar dos seus alunos. Uma política permite que a escola desenvolva e mantenha uma filosofia partilhada e uma abordagem coordenada das suas casas de banho e da forma como os alunos as podem utilizar. Encoraja as escolas a fazer uma auditoria adequada das casas de banho e a ter em conta as necessidades dos alunos.

Por causa da confusão e da tensão da escola foram analisados;

Os alunos não vão para as suas escolas favoritas porque os alunos vão para as escolas com as suas pontuações no exame , pelo que as suas pontuações são selecionadas para as escolas, NÃO para os alunos.

Na Turquia, o sistema educativo é orientado para os exames. Os estudantes concentram-se apenas num fator: "exames" como o TEOG, o OSYS e o SAT.

Os pais estão a comparar o(s) seu(s) filho(s) com o(s) filho(s) dos outros.

Os diretores das escolas e os professores estão a fazer discriminação. Alguns dos alunos que são alunos trabalhadores, filhos de pais ricos e famosos estão a receber mais atenção do que outros alunos.

Os alunos pares foram analisados de acordo com o género;

As estudantes do sexo feminino são mais cuidadosas, mais emotivas e mais despertas do que os estudantes do sexo masculino.

Os índices de massa corporal das estudantes do sexo feminino estão a diminuir com o aumento da idade.

Os índices de massa corporal dos estudantes do sexo masculino estão a aumentar com o aumento da idade.

A frequência de distractibilidade dos alunos do sexo masculino é superior à frequência de distractibilidade dos alunos do sexo feminino.

Saúde e segurança no trabalho (OH&S)

Há muitos locais de trabalho à volta. Todos os trabalhadores têm o direito de regressar a casa todos os dias sãos e salvos. Nos Estados Unidos, no Reino Unido, na Turquia e noutros países desenvolvidos, todos os locais de trabalho estão obrigatoriamente sujeitos à regulamentação em matéria de saúde e segurança no trabalho. No entanto, todos os funcionários públicos e do sector privado estão incluídos na lei. Se um sector tiver 50 ou mais trabalhadores, estes serão obrigados a constituir uma gestão da saúde e segurança no trabalho no seu sector. Os Estados suportam os custos dos serviços de saúde e segurança no trabalho que operam com menos de 10 trabalhadores. Os peritos em segurança e os médicos do trabalho estão a trabalhar em todos os locais de trabalho. Todos os trabalhadores são submetidos a exames médicos para determinar a sensibilidade das suas doenças e identificar situações de risco. Exames médicos dos trabalhadores; no recrutamento, nas mudanças de emprego, nos acidentes de trabalho, nas doenças profissionais e após outros problemas repetidos constantemente. Trabalhar num escritório pode parecer inofensivo, mas as lesões músculo-esqueléticas podem desenvolver-se ao longo do tempo, especialmente para os trabalhadores que passam a maior parte do tempo sentados e a escrever em frente a um computador. O facto de se estar permanentemente de pé ou sentado durante o trabalho é uma fonte comum de desconforto e fadiga. Mudanças frequentes de posição do corpo, um posto de trabalho bem concebido, pausas para descanso e alongamentos, tudo isto ajuda a evitar problemas de saúde.

Ergonómico e Escolas nos EUA:

• Todos os escritórios são locais de trabalho e devem proporcionar saúde e segurança aos seus empregados.

• Todos os locais de trabalho devem ter um ambiente ergonómico

• A escola é também um local de trabalho,

• Uma sala de aula também é um escritório,

• Um estudante também é um empregador,

• O ensino da ergonomia não é ministrado em nenhuma escola nos Estados Unidos, no Reino Unido, na Turquia e noutros países.

- Na sala de aula são realizados muitos trabalhos diferentes e deve ser previsto um posto de trabalho para cada tipo de trabalho

- Um empregador trabalha em média 8 horas por dia, 40 horas por semana e 200 horas por mês.

- Um estudante estuda numa escola em média 8 horas por dia, 40 horas por semana e 200 horas por mês como empregador.

- A Gestão dos Riscos no Local de Trabalho fornece orientações e ferramentas para ajudar as empresas a compreender o que devem fazer para avaliar e controlar os riscos no local de trabalho e cumprir a legislação em matéria de saúde e segurança.

- Não existem Regulamentos de Saúde e Segurança no Trabalho e Gestão de Riscos no Local de Trabalho, nem Comités de Saúde e Segurança no Local de Trabalho para escolas, estudantes e professores.

Todas as escolas querem que os seus alunos tenham sucesso. Mas as escolas só podem fazer uma diferença duradoura quando se concentram em objectivos específicos e estratégias de mudança. O planeamento da melhoria da escola é um processo através do qual as escolas estabelecem objectivos de melhoria e tomam decisões sobre como e quando esses objectivos serão alcançados. O objetivo final do processo é melhorar os níveis de desempenho dos alunos, melhorando a forma como o currículo é ministrado, criando um ambiente positivo para a aprendizagem e aumentando o grau de envolvimento dos pais na aprendizagem dos seus filhos na escola e em casa.

RECOMENDAÇÕES

Todas as escolas devem fornecer:

- Acesso ilimitado a uma casa de banho, quando ou onde for necessário.

- Um número adequado de instalações para utilizadores do sexo feminino e masculino que garantam privacidade suficiente.

- Sanitários unissexo dedicados, ou cubículos de sanitários femininos e masculinos, devidamente equipados, para utilizadores com necessidades especiais.

- Instalações sanitárias e de banho corretamente concebidas, adequadas ao leque de utilizadores previstos, com iluminação, ventilação, equipamento e acessórios adequados.

- Água quente, idealmente proveniente de uma torneira misturadora, com uma provisão adequada para sabão líquido e instalações de secagem das mãos.

- Dispensadores de papel higiénico colocados a uma altura conveniente, reabastecidos conforme necessário durante as horas normais de utilização.

- Unidades de eliminação de pensos higiénicos em todos os cubículos femininos (quando adequado à idade, tanto na escola primária como na secundária), com manutenção regular.

- Um regime eficaz de supervisão dos sanitários para garantir normas adequadas de fornecimento e gestão durante as horas normais de utilização.

- Um regime eficaz de limpeza/inspeção dos sanitários para garantir padrões adequados de higiene, comportamento e limpeza, durante as horas normais de utilização.

- Uma política publicada de gestão das casas de banho da escola, aprovada pelos diretores da escola e pelos alunos, e comunicada a todos os alunos, pais/encarregados de educação e pessoal.

- Um procedimento de comentários/queixas, que permite aos alunos, pais/encarregados de educação e pessoal comunicar as suas preocupações ou queixas ao diretor da escola e/ou aos diretores da escola.

Secretárias e posições sentadas

A participante estava sentada a uma altura fixa para o assento e a superfície de trabalho, mas os pés foram colocados gradualmente em três posições diferentes para simular diferentes alturas de trabalho, e o assento e a superfície de trabalho foram inclinados. Para começar, a rapariga foi posicionada no ângulo reto convencional, após o que o assento da cadeira e a superfície de trabalho foram inclinados gradualmente e a posição dos pés foi baixada para simular um aumento da altura da cadeira e da superfície de trabalho. Foram tiradas 50 fotografias de cada uma das 3 posições durante um período de 10 dias para registar as alterações na flexão.

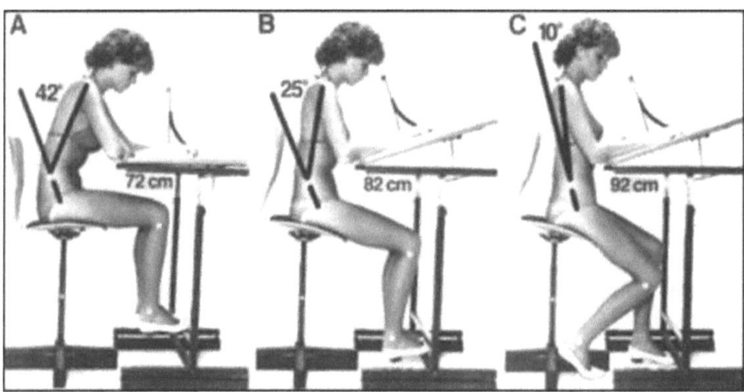

Figura 1

Os resultados foram significativos. A flexão e a inclinação para a frente da articulação da anca e das costas foram muito reduzidas, preservando a lordose na região lombar. A posição final, com os pés descidos, simulando um assento e uma superfície de trabalho ainda mais altos, é exatamente igual à posição de repouso natural, em que os músculos estão relaxados e o corpo se encontra numa postura perfeita para um "Assento Equilibrado", a posição mais adequada para longos períodos de permanência sentada. A inclinação do banco da frente, um assento que inclina a pélvis para a frente e superfícies de trabalho mais altas são alternativas valiosas que podem eliminar a tensão na zona lombar e, em última análise, evitar dores crónicas nas costas. Nesta posição semi-de pé, a pressão discal será, obviamente, muito baixa (Lelong 1986). O mobiliário deve ser concebido para acomodar a posição de repouso natural, na qual os músculos opostos estão bem equilibrados. A postura resultante melhorará o desempenho, a eficiência e o bem-estar dos empregados.

A altura recomendada para a cadeira é de um terço da altura da pessoa e a altura da secretária é de metade. A maioria das pessoas com dores nas costas achará isto muito confortável, mas nas primeiras semanas só poderá sentar-se assim durante 5-10 minutos, porque os músculos das costas precisam de ser treinados. Também pode reduzir a tensão dos tendões e músculos dolorosos das costas deslocando-se para a frente do assento de uma cadeira tradicional ou utilizando uma almofada inclinada para a frente. A maioria das secretárias é demasiado baixa, o que pode ser melhorado colocando blocos de madeira debaixo das pernas.

É por isso que a mesa, a secretária e a cadeira devem ser ajustadas de acordo com a estrutura fisiológica da pessoa. Os participantes na investigação tinham idades compreendidas entre os 9 e os 18 anos. Os participantes ilustraram as diferentes posturas durante o curso e os estudos na investigação devido a diferentes componentes fisiológicos e biológicos. O tempo médio de permanência dos alunos que participaram no estudo é de 5 horas e 20 minutos. 1,8 horas do tempo foram passadas sentados. O tempo de permanência em pé é de aproximadamente 2 horas e 50 minutos. As actividades desportivas, como correr, torcer, girar, levantar pesos, etc., têm uma duração média de 40 minutos.

Foi demonstrado que estar sentado durante mais de uma hora induz alterações bioquímicas na atividade da lipoproteína lipase (uma enzima envolvida no metabolismo das gorduras) e no metabolismo da glicose, o que leva ao depósito de gorduras no tecido adiposo, em vez de estas serem metabolizadas pelo músculo. Estas alterações ocorrem tanto em pessoas em boa forma física que praticam regularmente exercício aeróbico como em pessoas obesas e em má forma física e o exercício regular não resolve necessariamente este problema. Estudos recentes indicaram um possível aumento dos riscos de doença coronária e de doença renal devido a uma posição sentada excessiva. No entanto, os dados são correlacionais e o que não está claro nestes estudos é se é a posição sentada que causa estes problemas de saúde ou se, pelo facto de as pessoas terem estes problemas de saúde, se sentam mais do que as pessoas saudáveis.

Estar sentado consome menos energia do que estar de pé e ajuda a estabilizar o corpo, pelo que nos sentamos para realizar tarefas motoras finas, como conduzir, trabalhar no computador, criar desenhos pormenorizados ou fazer microcirurgias finas. No entanto, desde há muitos anos que os ergonomistas recomendam que a posição sentada seja interrompida por uma posição de pé e movimentos periódicos durante

durante o dia, de preferência 1-2 minutos a cada 20 a 30 minutos. Um vasto conjunto de investigações demonstrou que micro pausas frequentes melhoram os níveis de conforto, o desempenho no trabalho e reduzem os riscos de lesões músculo-esqueléticas.

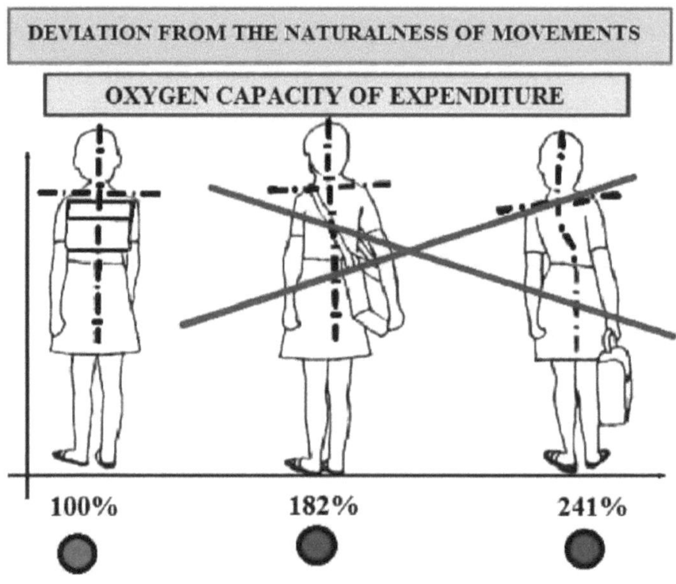

Figura 2

Um estudante tem muitos métodos para transportar a mochila escolar, mas o melhor método é o transporte às costas. A figura 2 apresenta diferentes alunos. Os modos de transporte dos alunos também são diferentes. A capacidade de oxigénio dos alunos e os esqueletos dos alunos são mostrados na Figura 2. Os alunos devem transportar a mochila entre a cintura e a altura dos ombros.

Tabela de peso máximo das mochilas (para crianças)

De acordo com a Associação Americana de Fisioterapia,

De acordo com a Academia Americana de Cirurgiões Ortopédicos,

De acordo com a Associação Americana de Quiroprática, os pesos das mochilas são inferiores para os estudantes.

Tabela de peso máximo das mochilas (para crianças)

Peso da criança (pound)	Peso máximo da mochila (pound)
60	5
60-75	10
75-100	15
100-125	18
125-150	20
150-200	25

Tabela 44-Ninguém deve transportar mais de 25 Lbs. numa mochila.

Tabela de peso máximo das mochilas (para crianças)

Peso da criança (kg.)	Peso máximo da mochila (kg.)
27	2,25
27-34	4,50
34-45	6,75
45-57	8,10

| 57-68 | 9 |
| 68-90 | 11,25 |

Tabela - 45 Ninguém deve transportar mais de 11,45 kg numa mochila.

<u>O consumo de oxigénio (VO2)</u> é a quantidade de oxigénio absorvida e utilizada pelo organismo por minuto. O oxigénio que entra no corpo ao nível dos pulmões é transportado pelo sistema cardiovascular para os tecidos sistémicos e é utilizado para a produção de ATP nas mitocôndrias das nossas células. Como a maior parte da energia do corpo é produzida aerobicamente, o VO2 pode ser utilizado para determinar a quantidade de energia que um indivíduo está a gastar. O VO2 pode ser registado em termos absolutos (L/min) ou em relação à massa corporal (ml/kg*min). O consumo de oxigénio depende da capacidade do coração de bombear sangue, da capacidade dos tecidos de extrair oxigénio do sangue, da capacidade de ventilar e da capacidade dos alvéolos de extrair oxigénio do ar.

Malas escolares

• Nos Estados Unidos, 40 milhões de jovens transportam o seu material escolar em mochilas

• Em 1999, a utilização de mochilas provocou mais de 6000 feridos nos Estados Unidos

• 23% dos alunos do ensino básico e 33% dos alunos do ensino secundário queixam-se de dores nas costas

• 60% dos ortopedistas referem ter visto crianças com dores causadas por mochilas pesadas

• Carregar as mochilas escolares pode contribuir para a dor lombar nas crianças

• A carga máxima deve ser de 15% do peso corporal

• As crianças do ensino secundário transportam mochilas com cerca de 7,0 kg

• Os estudantes do ensino secundário transportam mochilas com cerca de 6,3 kg

• Num estudo, os sintomas músculo-esqueléticos foram referidos por 77,1% dos estudantes

- O sistema músculo-esquelético tem possibilidades limitadas de rejuvenescimento

- Os danos infligidos na juventude podem manifestar-se anos mais tarde em lesões mais graves nas costas

- Ainda não foram efectuados estudos científicos que demonstrem que as mochilas causam danos permanentes nas costas

Escolher a mochila escolar certa:

- Assegurar que o saco é adequado à idade e ao tamanho da criança

- Selecione uma mochila com alças de ombro almofadadas

- Escolha uma mala com um cinto de cintura

- Não transportar mais de 15% do peso corporal

- Carregar os objectos mais pesados mais perto das costas da criança

- Escolha mochilas com vários compartimentos

- Considere um saco com rodas

- Usar sempre as duas alças de ombro

- Ajuste as alças dos ombros para que o saco fique bem ajustado às costas

Mobiliário

- As crianças tornaram-se cada vez mais inactivas fisicamente e estão cada vez mais sentadas

- Concebida para impor a postura erecta durante a maior parte do século XX

- A posição vertical exige um esforço muscular excessivo

- É preferível o mobiliário ajustável, devido às diferentes dimensões do corpo

- As crianças em idade escolar têm as dimensões corporais mais flutuantes

Factos sobre o mobiliário

- Mais de 83% das crianças do ensino básico sentam-se em combinações de cadeira e secretária que não são adequadas à sua altura corporal

- As crianças do ensino básico passam cerca de 9 horas sentadas por dia

- A maior parte do mobiliário escolar está desatualizado e não está em conformidade com os requisitos fisiológicos ortopédicos mínimos

Mobiliário - Cadeiras

- As cadeiras convencionais têm um assento rígido que se inclina para trás e se funde num assento oco:

- Falta de circulação sanguínea

- Um arredondamento das costas

- Tensão nos ombros, pescoço e costas

- A medula espinal é pressionada para um lado

- Uma constrição dos órgãos digestivos

Mobiliário - Cadeiras

- Deve ser adequado aos dados antropométricos da criança, bem como às suas diferentes posturas de trabalho

- Necessidade de permitir sentar-se com movimento

- Duas sugestões de desenhos:

- Cadeira Flexi - alteração da inclinação do assento

- Mecanismo de balanço - cadeira giratória com regulação em altura

Mobiliário - Secretárias

- Os topos horizontais fazem com que as costas da criança se tornem redondas e a sua cabeça se incline para trás enquanto trabalha

- Equipar secretárias assentes no chão com rodízios

- Desenho sugerido:

> Púlpito de pé - uma mesa de trabalho ajustável em altura

> Topo inclinado - aproximadamente 16° de inclinação

O trabalho estático consiste em trabalhar com o mesmo esforço num determinado ponto. Os músculos não se movem, mas exercem algum esforço (ou seja, o peso levantado para manter um ponto fixo). No caso de tal estudo, o corpo precisa de oxigénio, o que não acontece devido à falta de circulação. Por conseguinte, o grupo muscular sofre fadiga. Os movimentos não são rítmicos.

Na Turquia, o tempo das aulas na escola é de 40 ou 45 minutos. Mas, de acordo com os cientistas, o tempo máximo de estabilidade de uma pessoa é de 30 minutos. Na Turquia, os alunos não cumprem esta regra. Por isso, os alunos têm dores no pescoço, na cintura, nas costas, etc. Os professores deviam dar conselhos como este: os alunos não devem dar o centro de gravidade a um único ponto quando estão de pé ou sentados e o peso de um único ponto deve ser distribuído simetricamente.

Conselhos de ergonomia para estudantes Em casa e na escola:

• Configure o posto de trabalho do computador de modo a adotar uma postura confortável. Consulte os sítios Web indicados no verso para obter orientações.

• Limite a utilização do computador a 30 minutos de cada vez. Seja ativo durante os intervalos.

• Evite sobrecarregar a sua mochila. Não deve pesar mais de 10% a 15% do seu próprio peso corporal.

• Limite o tempo que passa a jogar jogos de computador. Alterne entre jogos que lhe permitam utilizar diferentes comandos para não desgastar os polegares.

Se tiveres um emprego depois da escola:

• Utilize equipamento que o ajude a evitar levantar pesos, transportar, trabalhar com as mãos ao alto, dobrar-se para trás, movimentos repetitivos e outras causas potenciais de lesões.

• Colabore com o seu empregador para encontrar melhores formas de trabalhar utilizando os princípios da ergonomia.

•	Visite alguns dos sítios Web no verso desta página se quiser saber mais sobre segurança e saúde para jovens trabalhadores.

REFERÊNCIAS

Alp, E. Bozkurt, M. Başçiftçi, İ. (2012). Hastane Malzemelerinin Saglik Çalisanlannin Postürüne Etkileri, Sakarya, Sakarya Üniversitesi Fen Bilimleri Enstitüsü Dergisi, Cilt:16, Sayi 3, Sayfa: 221

Berner, H. (1994), Aktüelle Stromungen in der Paedagogik, 2., Uberarbeitete Auflage, Verlag Paul Haupt Bern-Stuttgart-Wien,

Carter, V. Good, (1945). Dicionário de Educação, Nova Iorque, MC Graw Hill, Sayfa: 145

Demirel, Û. (2012), ilkogretim ilke ve Yontemleri, Ogretme Sanati, Ankara, Pegem Akademi, 19. Baski 1. Bolüm Ogretim Etkinliklerini Planlama, Egitimle ilgili Temel Kavramlar Sayfa: 6

EPA, Drinking Water at Schools and Child Care Facilities Agência de Proteção Ambiental dos Estados Unidos,

http://www.epa.gov/dwreginfo/drinking-water-schools-and-child-care-facilities#main-content

Ertürk, S. (1972). Egitimde Program Geliştirme. Ankara, H.Ü. Basimevi P: 3
Hathaway, W.E,(1988) Educational Facilities, *Education Canada*, Winter / Hiver, Sayfa: 28

Jordan, A (2012) School toilets: Good practice guidance for schools in Wales, Llywodraceth Cymru Welsh Government, Cardiff, País de Gales, Reino Unido.

http://dera.ioe.ac.uk/13643/7/120124schooltoiletsen Redacted.pdf

Karasolak, K. Sari, M (2011) Mimari Ozellikleri Farkli Okullardaki Ogrenci ve Ogretmenlerin Okullarinin Binasi Hakkindaki Gomşlerinin incelenmesi, Adana, Çukurova Üniversitesi Egitim Fakültesi Dergisi, Yüksek Lisans Tezi, Cilt:3, Sayfa: 40

MEB (2010) Egitim Yapilari Mimari Proje Hazirlanmasi Genel ilkeleri, Milli Egitim Bakanligi Yatirimlar ve Tesisler Daire Başkanligi Ankara Sayfa: 214

Mutlu Dünya, 0-18 Yaş Boy & Kilo Gelişim Tablosu, Manisa http

://www.mutludunya.net/index.php?option=com content&task=view&i d=49&Itemid= 156

Stevens, S.H. (1997). Classroom Success for the LD and ADHD Child (Sucesso na sala de aula para a criança com DA e TDAH). Winston-Salem, NC: John F. Blair, Publisher.

TS 12860 (Nisan 2002) Kamu Binalarinda Mekân ihtiyacı Standardi, Türk Standartlar Enstitüsü, Ankara, ICS 03.080.20;91.010.99, Sayfa: 1-96

Uludag, Z. (2008). insan Mekân ilişkisinde Okul, Ankara, Egitime Bakiş Dergisi, Egitim Bir-Sen Yayinlari Yil: 4, Sayi: 11, Sayfa:18

Uludag, Z. Odaci, H (2002) Egitim Qgretim Faaliyetlerinde Fiziksel Mekân, http://dhgm.meb.gov.tr/yayimlar/dergiler/Milli_Egitim_Dergisi/153- 154/uludag.htm

Uludag, Z. Odaci, H. (2002). Egitim Qgretim Faaliyetlerinde Fiziksel Mekân, Ankara, Milli Egitim Dergisi Sayi: 153-154.

Url, http : //www.oas.org/cdmp/document/schools/maintman.htm

Sentado e de pé no trabalho http://ergo.human.cornell.edu/CUESitStand.html

Vural, R. A. Sadik, F. (2003). ilkogretim Okul Binalarinin Fiziksel Açidan Degerlendirilmesi, Ankara, Egitim Bilim Dergisi, TED Yayinlari, Cilt: 28, Sayi: 130 Sahife:16-23

Yorulmaz, F. (1991). Edirne Merkezindeki Orta Dereceli Okul Qgrencilerinde Kaygi Düzeyleri ve Bazi Sosyoekonomik Determinantlari, Edirne, Trakya Üniversitesi - Saglik Bilimleri Enstitüsü [Tip Fakültesi], (Tipta Uzmanlik Tezi) Y: 97 Sayfa: 28

Yorulmaz, F.   idrari   Tutmak Bobrekleri Tehdit   Ediyor, http://www.milliyet.com.tr/idrari-tutmak-bobrekleri-tehdit-ediyor- pembenar-detay-genelsaglik-538680/

American Time Use Survey, (2015) Gabinete de Estatísticas do Trabalho, Departamento do Trabalho dos Estados Unidos

http ://www.bls. gov/tus/chartsts/students. Htm

Apêndice

1:   Questionário de responsabilidade do aluno

Questionários RULA (rapid upper limp assessment)

Para além de determinar a favorabilidade do edifício escolar e do equipamento, pretendo determinar os efeitos sobre as posturas dinâmicas e estáticas durante as aulas e as sessões de treino, bem como a influência do edifício escolar e do equipamento no desenvolvimento biológico, fisiológico e psicológico.

Penso que este trabalho de projeto contribuirá para a educação e a formação de um ângulo diferente e será de grande utilidade para educadores, administradores, académicos, políticos, cientistas, engenheiros, pais e alunos. O objetivo deste estudo é determinar os efeitos sobre as posturas dinâmicas e estáticas durante as aulas e as sessões de treino, bem como a influência do edifício escolar e do equipamento no desenvolvimento biológico, fisiológico e psicológico, para além de determinar a favorabilidade do edifício escolar e do equipamento.

1-Qual é a sua escola?

Escola primária   Escola secundária   Escola Secundária

2- Qual é a sua classe?

Classe 1   Classe 2   Classe 3ª classe   Classe 4

3- Qual é o seu género?

Feminino   Masculino

4- Qual é a sua altura?   Cm.

5- Qual é o seu peso?   Kg.

6- Qual é a sua idade?

7- É portador de alguma deficiência?

Sim Não

8- Em caso afirmativo, qual?

Andar a pé   Mão/braço   Visual   Auditiva

9- Qual é a sua opinião sobre a estrutura da sua <u>escola</u>?

Muito bom   Bom   Não é mau   Mau

10-Qual é a sua opinião sobre as casas de banho e os lavatórios na sua escola?

Muito bom   Bom   Não é mau   Mau

11- Qual é a sua opinião sobre o jardim da sua escola?

Muito bom   Bom   Não é mau   Mau

12- Qual é a sua opinião sobre as áreas desportivas da sua escola?

Muito bom   Bom   Não é mau   Mau

13-Onde é que bebem água na vossa escola?

Da cantina Da minha casa Da casa de banho Outra

14- Com que frequência vai à casa de banho na escola?

Sempre Às vezes Apenas ser tomado por pouco Nunca

15- Foi contagiado pela sua escola?

Sim Não Não sei Não me lembro

16- Qual é a sua opinião sobre as escadas e os corredores da sua escola?

Muito Bom Bom   Não é mau   Mau

17- Qual é a sua opinião sobre a localização da sua escola? (Barulho, trânsito, muita gente, etc.)

Adequado   Não é mau   Muito ruidoso Mau

18- Qual é a sua opinião sobre as mesas e cadeiras da sua sala de aula? (Qualidade e ergonomia)

Muito Bom Bom   Não é mau   Mau

19- Vê facilmente o quadro e os escritos na sala de aula?

Muito bom   Bom   Não é mau   Mau

20- Qual é a sua opinião sobre a acústica e o traçado na sala de aula?

Muito bom   Bom   Nada mau   Mau

21- Qual é a sua opinião sobre o aquecimento na sala de aula?

Muito bom   Bom   Não é mau   Mau

22- Qual é a sua opinião sobre o arejamento na sala de aula?

Muito bom   Bom   Não é mau   Mau

23- Qual é a sua opinião sobre a "população estudantil por sala de aula"?

Demasiado lotado Cheio   Não é mau   Normal

24- Durante as aulas, com que frequência se distrai?

Sempre   Comumente   Às vezes   Nunca

25- Qual é a sua opinião sobre as precauções a tomar em relação aos alunos com deficiência na escola?

Muito bom   Bom   Não é mau   Mau

26- Qual é o piso do jardim da escola?

Asfalto   Betão   Caminho de areia Outros

27- Que tipo pretendia?

Tapete de asfalto/betão   Caminho de areia Relva

28- Qual é a sua opinião sobre o facto de ser estudante na sua escola?

Muito bom   Bom   Não é mau   Mau

29- Porque é que escolheu essa escola? Qual é o fator mais importante?

Os meus pais   Localização   Professores   Estrutura

30- Qual é o fator mais importante para o sucesso?

Estrutura   Professores   Pais e mães   Amigos

31- Como é que vem para a sua escola?

Autocarro escolar   Andar a pé   Autocarro/Táxi   Os meus pais

32- Com que frequência tem aulas no laboratório de ciências?

Sempre   Normalmente   Às vezes   Nunca

33- Qual é a sua opinião sobre o laboratório de ciências?

Muito bom   Bom   Não é mau   Mau

34- Com que frequência joga no centro desportivo <u>da escola</u>?

Sempre   Normalmente   Às vezes   Nunca

35- Qual é a sua opinião sobre o centro desportivo da sua escola<u>?</u>

Muito bom   Bom   Não é mau   Mau

36- Qual é a sua opinião sobre os pavilhões de actividades na sua escola?

Muito bom   Bom   Não é mau   Mau

37- Qual é o melhor método para uma aprendizagem fácil e rápida?

Exercício de memorização Visual Ouvir as aulas

38- O que faz no seu tempo livre?

Computador   Televisão   Leitura   Desporto

39- Existe uma sala para cada professor na vossa escola?

Não Sim

40- Existe espaço para o diálogo (entre alunos-professores-pais) na sua escola?

Não Sim

 41- Existe uma sala para conferências, teatro e congressos na vossa escola?
41- Existe uma sala para conferências, teatro e congressos na vossa escola?

Não Sim

42- Qual é a sua opinião sobre as mesas <u>e</u> cadeiras na cantina da escola?

Muito bom   Bom   Não é mau   Mau

43- Existe uma norma internacional para as escolas e os materiais?

Talvez   Não   Não sei   Sim

44- As estruturas e os materiais escolares são factores importantes para o crescimento dos alunos?

Talvez   Não   Não sei   Sim

45- Tem um problema músculo-esquelético?

Sim Não

46- Que parte do teu corpo te dói depois da escola?

Cintura	Pescoço	Ombro	Costas
Perna	Joelho	Quadril	Braço
Cotovelo	Mão	Pé	Outros

Quer escrever uma opinião sobre esse tema?

Nota: As suas respostas serão armazenadas em cache.

Anexo 2: Formulário das Estruturas Escolares para Medições e Avaliações **(FSSME)**

Nome da escola			
Ano de fundação da escola			
Idade da escola			
Número de alunos		Estudantes	
Número de professores		Professores	
Número de salas de aula		Sala de aula	
Laboratório de Ciências	Disponível	Não disponível	
Centro desportivo	Disponível	Não disponível	
Salão de actividades	Disponível	Não disponível	
Laboratório de línguas	Disponível	Não disponível	
Laboratório de informática	Disponível	Não disponível	
Regulamento sobre terramotos	Disponível	Não disponível	
Número de casas de banho		Casas de banho	

Número de cabinas sanitárias		Cabanas
Medida quadrada da sala de aula		Metros quadrados
Altura da sala de aula		Contador
Largura do corredor		Contador
Comprimento do corredor		Contador
Medida quadrada da área da escola		Metros quadrados
Medida quadrada do jardim da escola		Metros quadrados
Medida quadrada do piso da escola		Metros quadrados
Medida quadrada da área interior total		Metros quadrados
Total de estudantes/total de cabinas sanitárias		Estudantes
Largura do braço da escada		Contador
Patamar da escada		Metros quadrados
Altura do montante da escada		Metros
Número de escadas" Escada		Metros
Área interior total/Total de alunos		Metros quadrados
Área total do jardim/Total de alunos		Metros quadrados
Total de alunos/total de salas de aula		Estudantes
Total de alunos/total de professores		Estudantes

Apêndice 3: Estatísticas nacionais da educação Ensino formal.

VALORES	As escolas da Turquia	As escolas de Isparta	Escolas de investigação
Número de escolas primárias (EP)	28532	187	6
Número de escolas secundárias (SS)	17019	139	8
Número de escolas secundárias (HS)	10955	109	8
Número total de escolas (TS)	*56506*	*435*	*22*
Número de alunos (escolas primárias)	5574916	24905	1993
Número de alunos (escolas secundárias)	5478399	23792	3987
Número de alunos (escolas secundárias)	5420178	28326	6010
Número total de alunos	*16473493*	*77023*	*11990*
Número de professores (escolas primárias)	288444	1584	95

Número de professores (escolas secundárias)	280804	1757	266
Número de professores (escolas secundárias)	278641	2133	519
Número total de professores	*847889*	*5474*	*880*
Número de divisões (escolas primárias)	243305	904	80
Número de salas de aula (escola secundária)	128551	1722	146
Número de salas de aula (escolas secundárias)	140560	1131	206
Número total de salas de aula	*512416*	*3757*	*432*
Número de alunos por escola (ensino primário)	195	139	332
Número de alunos por divisão (escola primária)	22	28	25
Número de alunos por professor (ensino primário)	19	16	21
Número de alunos por escola (ensino secundário)	304	171	498
Número de alunos por divisão (ensino secundário)	27	14	27
Número de alunos por professor (ensino secundário)	18	14	15
Nº de alunos por escola (escolas secundárias)	375	260	751
Nº de alunos por divisão (escolas secundárias)	23	25	29
Nº de alunos por professor (escolas secundárias)	15	13	11
Rácio de escolarização líquida (escolas primárias)	98,86%	100%	100%
Rácio de escolarização líquida (escolas secundárias)	93,09%	94,44%	94,44%
Rácio de escolaridade líquido (escolas secundárias)	70,06%	93,73%	93,73%

I want morebooks!

Buy your books fast and straightforward online - at one of world's fastest growing online book stores! Environmentally sound due to Print-on-Demand technologies.

Buy your books online at
www.morebooks.shop

Compre os seus livros mais rápido e diretamente na internet, em uma das livrarias on-line com o maior crescimento no mundo! Produção que protege o meio ambiente através das tecnologias de impressão sob demanda.

Compre os seus livros on-line em
www.morebooks.shop

info@omniscriptum.com
www.omniscriptum.com

Printed by Books on Demand GmbH, Norderstedt / Germany